中国农村
家户贫困动态问题研究

ZHONGGUO NONGCUN
JIAHU PINKUN
DONGTAI WENTI YANJIU

赵 锐○著

西南财经大学出版社
Southwestern University of Finance & Economics Press

中国·成都

图书在版编目(CIP)数据

中国农村家户贫困动态问题研究/赵锐著. —成都:西南财经大学出版社,
2019.6
ISBN 978-7-5504-3940-5

Ⅰ.①中… Ⅱ.①赵… Ⅲ.①农村—贫困问题—研究—中国
Ⅳ.①F323.8

中国版本图书馆 CIP 数据核字(2019)第 095850 号

中国农村家户贫困动态问题研究
赵锐 著

责任编辑:高玲
封面设计:何东琳设计工作室
责任印制:朱曼丽

出版发行	西南财经大学出版社(四川省成都市光华村街 55 号)
网　　址	http://www.bookcj.com
电子邮件	bookcj@foxmail.com
邮政编码	610074
电　　话	028-87353785
照　　排	四川胜翔数码印务设计有限公司
印　　刷	郫县犀浦印刷厂
成品尺寸	170mm×240mm
印　　张	12
字　　数	139 千字
版　　次	2019 年 6 月第 1 版
印　　次	2019 年 6 月第 1 次印刷
书　　号	ISBN 978-7-5504-3940-5
定　　价	86.00 元

摘要

　　长期以来,贫困理论把研究的焦点聚集在已经发生的、静态的贫困事实上,不同程度地忽视了贫困动态问题,这种研究状态直到最近几年才有所改观。经济学家越来越意识到,贫困研究不能仅仅静态地关注同一时期贫困人口的规模大小,而是应当动态地研究贫困群体在不同时期贫困状态的动态变化过程。这种认知基于广泛存在的贫困脆弱性事实,同时也是制定具有动态性瞄准功能的扶贫政策、提高扶贫效率的需要。因此,本书以中国农村家户的贫困动态问题为题,对农村家户脱离贫困和陷入贫困的过程和变动趋势进行了深入、细致的研究。

　　本书的研究主要从三个方面加以展开:首先,利用中国健康与营养调查数据,通过贫困转换矩阵和生存分析研究家户贫困或非贫困状态的转变,以及在转变发生之前,初始状态的持续期限对这种转变的影响。结果表明,家户陷入贫困与脱离贫困的过程以非对称的比例同时存在;大多数贫困家户在经历了短期的贫困后,能够快速脱离贫困;持续贫困或持续非贫困的时间长度对贫困状态转换的影响,因选择绝对贫困线或相对贫困线而呈现不同的变动趋势。另外,就贫困的动态变化而言,尽管从绝对贫困理念看,贫困家户具有很大的向上流动的可能性,但从相对贫困的视角看时,却发现贫困表现出持续性特征,这也揭示了社会阶层的固化趋势。其次,通过在一个较长的时间跨度内对中国农村家户贫困脆弱性进行测量和分解,呈现出贫困脆弱性的变化趋势,并对家户未来的贫困动态做出预测。结果表明,农村家户的贫困脆弱性水平在长期保持下降的趋势,但风险对脆弱性的贡献逐年上升。这说明家户陷入贫困的原因由能力缺乏导致的收入偏低逐渐转向由于遭受各种风险冲击导致的收入波动,即农村家户获取收入的能力相对以前在逐渐提升,但是也需要更注意防范各种风险冲击的影响。这一结论对于扶贫政策的制定具有重要的导向作用。最后,本书试图站在贫困人口自身的角度,从贫困人口在生产经营活动中的经济行为出发,研究贫困人口自身的经济行为对其贫困动态变化的影响,从而为贫困动态提供一个合理的主观因素的解释。这里以贵州从事传统农业、牧业生产的贫困群体为研究对象,研究农户在各项生产经营活动中,生产费用的"支出结构升级"和"支出的多元化程度"这两个指标对家户贫困动态变化的影响。结果表明,第一,当生产经营费用支出重心由低风险、低回报的传统农业转向相对高风险、高回报的养殖业或第三产业时,其脱贫的可能性大大提高。第二,对于贫困农户来说,生产经营费用支出的多元化有助于在未来实现脱贫,起到了增收作用;而同时,在较低的贫困线水平上,这种投入的多元化有助于避免非贫困家户陷入贫困,起到了保险作用。

本研究主要的政策启示为:第一,在扶贫过程中,除了注重提升贫困人口的发展能力,也需要通过建立"安全网"来防止更多的人陷入贫困,制定由事后弥补转向先发制人的扶贫策略。第二,在农村基层地区,充分发扬民主,通过参与式评估建立动态的贫困人口瞄准体系,使真正需要扶持的人得到帮助。第三,在贫困地区,通过新技术的推广增加贫困人口的收入来源,并引导社会力量参与农业保险体系建设,使农民再进入新的生产领域时没有后顾之忧。第四,农村留守或返乡的中老年人,应该是未来扶贫的主要对象。

关键词:贫困动态　陷入贫困　脱离贫困　贫困脆弱性　反贫困政策

Abstract

For a long time, poverty theory has focused on facts that have already happened and are static, but neglects poverty dynamics to some degree, which has not changed until recent years. More and more economists are realizing the fact that poverty research cannot be limited to the contemporary population size of the poor statically, but should combine the dynamic process of poverty state of the poor at different period, which is based on the widely existed vulnerability to poverty and the need to design poverty polices which can dynamically target poverty as well as improve the efficiency of poverty reduction. Thus, the theme of the paper is the poverty dynamics of rural household in China, and the paper analyses the process and tendency of rural household escaping and falling into poverty in detail.

The paper proceeds as follows. Firstly, using the data of China Health and Nutrition Survey, the paper studies the translation between the poor and the non-poor as well as influence of the length of initial state on the translation by the methods of transformation matrix of poverty and survival analysis. The results show the process of household getting in and out of poverty coexists in asymmetric proportion, and most poor household can escape poverty quickly after a short period of being poor. What's more, the impact of the length of permanent poverty and non-poor on translation between the poor and the non-poor varies because of the different choice of

1

absolute poverty line and relative poverty line. In terms of poverty dynamics, though, from the concept of absolute poverty, the poor household is very likely to flow upward, from the perspective of relative poverty, it shows the persistency of poverty which reveals the possibility of social stratum solidification. Secondly, by measuring, decomposing and predicting the vulnerability to poverty of rural household in China in a long period, the results demonstrate that the vulnerability to poverty of rural household declines in long term, but the risk is accumulating, which means the reason of household getting into poverty translates from lacking of ability to risks affecting income. In other words, the ability of rural household to earn is improving, but the attention to various risks should be enhanced, which has important sense on policy design. Finally, the paper tries to explain the impact of the behavior of the poor on poverty dynamics, which can provide a reasonable reason for poverty dynamics subjectively. Here we use the two indicators of "upgrading of the structure of expenditure" and "diversification degree of the expenditure" as household behaviors to study their influence on poverty dynamics by choosing the poor people engaging in traditional agriculture and stock raising in Guizhou. The results convey that on the one hand, when the core of production and operation expenditure changes from the low risk and low return traditional agriculture to the high risk and high return livestock breeding or the third industry, the probability of getting out of poverty is increasing greatly. On the other hand, for the poor household, the diversification of production and operation expenditure can help them get out of poverty and increase income, at the same time, in a low poverty line, the diverse investment can help non-poor household avoid getting into poverty, playing the role of insurance.

The policy implications are as follows. Firstly, besides improving the development ability of the poor, we should establish "safety net" to ensure less people falling into poverty, which reduces poverty by en ante action other than ex ante reaction. Secondly, we should advocates democracy and build dynamic poverty targeting system by participatory rural appraisal. Thirdly, we should increase income by the application of new technology and introduce social organizations to participate in agricultural system construction which can solve the concern of peasants entering new production field. Finally, the aged in rural areas should be given more attention when makes poverty reduction policy.

Keywords: Poverty Dynamics; Fall into Poverty; Out of Poverty; Vulnerability to Poverty; Anti-Poverty Policy

目录

1 引言

1.1 研究背景和问题

20 世纪 80 年代中期以来,中国政府开始有组织、有计划、大规模地开展农村扶贫开发,先后制订实施《国家八七扶贫攻坚计划(1994—2000 年)》《中国农村扶贫开发纲要(2001—2010 年)》《中国农村扶贫开发纲要(2011—2020 年)》,使扶贫、减贫成为全社会的共识和行动。与此同时,中国的扶贫事业也取得了瞩目的成就,贫困人口从 2000 年年底的 9 422 万人减少到 2010 年年底的 2 688 万人(根据我国贫困线标准),农村贫困人口占农村人口的比重从 2000 年的 10.2%下降到 2010 年的 2.8%。而随着 2013 年以来"精准扶贫"战略的实施,中国农村的贫困人口大幅下降,按现行国家农村贫困标准测算,2018 年年末,全国农村贫困人口为 1 660 万人,贫困发生率下降至 1.7%(国家统计局,2019)。

值得关注的是,随着中国扶贫事业的不断发展和贫困人口的不断减少,返贫率高居不下是 21 世纪以来我国农村贫困的一个显著特征,已经成为农村扶贫工作亟待解决的紧要问题。据统计,在 2007 年中国的贫困人口中，有 69.1% 在 2008 年脱离贫困，而在 2008 年的贫困人口中有 66.6% 为当年的返贫人口（王萍萍、闫芳，2010）；在 2008 年的贫困人口中有 66.2% 在 2009 年脱离贫困，而 2009 年的 3 597 万贫困人口中，则有 62.3% 是返贫人口（范小建，2010）。

另外，在学术界，自从 20 世纪 50 年代发展经济学诞生以来，许多发展经济学家把注意力投向了对贫困问题的研究，致力于探索发展中国家摆脱贫困、实现持续发展的道路。特别是自 20 世纪 90 年代以来，新生代的发展经济学家开始从高度概括的模型转向分散的微观研究。在这一背景下，他们对贫困问题的分析深度也由宏观层面推进到微观层面，开始关注贫困家户自身陷入贫困状态的维持机制以及其摆脱贫困状态的实现路径。

与此同时，发展经济学家越来越意识到，贫困研究不能仅仅静态地关注同一时期贫困人口的规模大小，而是应当动态地观察贫困群体在不同时期贫困状态的动态变化过程，这种状态的变化包括脱离贫困、陷入贫困和持续贫困等。这一认知一方面源自广泛存在于众多发展中国家的显著特征事实，即福利水平低下和福利水平的持续波动并存。前者由家户在一定时期内不变的低水平的资产禀赋以及较低的资产回报率所导致，这些资产包括家户的人力资本、物质资本、社会资本、金融财产、自然资源等；后者则由某些不确定的事件所导致，这些不确定的事件构成了对家户不可控的冲击，它们通过改变家户初始资产禀赋规模，或改变这些资产禀赋的回报率来影响家户的福利水平。这些对贫困状态变化过程的研究也构成了贫困动态（Poverty Dynamics）问题研究的基础，并在此基础上不断得到深化和发展。

对贫困动态问题的研究也源自扶贫政策的需要。事实上，在某一时刻所确定的贫困人口中,有的是缺乏实现长期持续发展的能力,有的只是因为暂时遭遇不幸,但很快会依靠自己的能力恢复。因此,并不是所有的贫困人口都需要依靠政府或外界的帮助才能摆脱贫困。因而,在扶贫政策的制定中,如果一项政策致力于瞄准那些缺乏持续发展能力的长期贫困群体,那么根据某一时期的静态福利指标来确定贫困人口时,就不可避免地将那些仅仅因为遭遇不幸而暂时陷入贫困的人群纳入长期扶贫的对象;而那些长期贫困的群体也可能会由于某一期的福利水平偶然高于贫困线而被排除在扶贫对象之外,造成瞄准偏误。

当扶贫实践和理论研究同时把注意力的焦点转向贫困动态问题时,一些新的问题开始引起我们的注意。一方面,如果不是静态地观察不同时点贫困人口的数量变化,而是动态地分析陷入贫困与脱离贫困两种不同类型的变化过程,我们就应该思考,这种脱离贫困和陷入贫困的过程呈现一种什么样的变动趋势,又有哪些因素影响了家户不同的贫困动态过程?另一方面,在动态的视角下,我们如何评估家户的贫困程度,这种评估方法如何能够体现出家户脱离贫困与陷入贫困的动态变化,又如何能够预测家户未来的福利状态?进一步而言,从贫困人口自身的角度出发,贫困人口在面临脱贫的机遇和陷入更深层次贫困的风险时所做出的行为决策如何影响其自身的贫困状态?对这些问题的研究和回答也构成了贫困动态问题研究的主要内容。

贫困动态问题研究家户脱离贫困和陷入贫困的动态过程,以及对贫困家户在多个时期内的贫困程度的评估。因此,对贫困动态问题的研究,需要使用连续多期的微观家户面板数据。近些年来,随着一些家户跟踪调查项目的实施及其微观数据的发布,我们对贫困动态问题的研究成为可能。

同时,需要说明的是,在一些以"贫困变化"或"贫困变动"为题的文献中,有一些研究从总体上研究我国城乡贫困的变动趋势(魏众和古斯塔夫森,1998;陈立中和张建华,2006;张全红和张建华,2010);还有一些研究从宏观层面关注经济增长、收入分配和贫困变动的关系(林伯强,2003;张全红和张建华,2007;胡兵等,2007)。这些研究大都基于总量或收入分组数据,而本书与这些研究的一个显著区别在于本书对贫困动态问题的研究主要强调微观层面上家户贫困状态的转变,而不是关注不同年份总体贫困发生率的变化。

1.2 研究意义

1.2.1 理论意义

在动态的视角下,加入时间维度来研究贫困,丰富了对贫困问题的认识,拓宽了贫困研究的视野,具有重要的理论意义。在传统的贫困问题研究中,学者们把贫困看作贫困人口失去发展能力和发展机会的状态,或者贫困人口不能满足基本生活需求的状态,在此基础上研究贫困的发生机制,并进一步研究来自外界的各种援助和帮扶对减少贫困的影响。这些研究主要以静态研究为主,而仅有的动态研究也只关注宏观层面的贫困发生率的降低,例如对扶贫绩效评估、亲贫式增长等热点领域的研究。而本书对贫困动态问题的研究,则是在贫困问题的研究中考虑了时间维度。关注于在微观家户层面,脱离贫困和陷入贫困的反方向动态变化过程,是对贫困理论研究的一个重要的补充。

1.2.2　实践意义

党的十八大报告根据我国社会发展的实际,确立了到2020年实现全面建成小康社会的宏伟目标,在发展平衡性、协调性、可持续性明显增强的基础上,实现国内生产总值和城乡居民人均收入比2010年翻一番。这一目标的实现,重点和难点在于如何使现有的社会底层民众的人均收入实现快速提高,因而我们对贫困动态问题的研究有助于在微观家户层面上,探寻一条使贫困人口摆脱贫困障碍、实现持续发展的路径。这对我国实现全面建成小康社会这一历史使命的顺利完成,具有重要的现实意义。

研究贫困动态问题对扶贫政策的实施和扶贫瞄准对象的选择具有重要的现实意义。今天的贫困状态不一定会持续到明天,今天处于非贫困状态的家户也可能会在明天陷入贫困。因此,当政策制定者制定的针对贫困家户的发展政策仅仅静态地瞄准当前的贫困家户时,可能从一定程度上来看是无效的。因为有的贫困家户本身具有一定的发展能力,只是暂时陷入贫困,完全能靠自身的能力快速脱离贫困;而有的非贫困家户只是在外界的扶持下才勉强维持在贫困线之上,自身却缺乏实现持续发展的能力。而当我们从动态的视角来评估家户的贫困状况时,就能够把暂时贫困和长期贫困等两种不同类型的贫困家户区分出来,有针对性地对不同类型的贫困家户采取不同的扶贫措施。特别是我们对家户贫困脆弱性的考察,把握脆弱群体脱离贫困和陷入贫困的动态过程,有助于我们更准确地预测脆弱个体未来的发展状况,从而有预见性地提供合理有效的扶贫政策,帮助贫困家户实现持续发展,提高扶贫工作的效率。

1.3　研究内容、基本思路和框架

1.3.1　研究的主要内容

第一,中国农村家户贫困动态的描述:中国农村家户贫困动态变化与持续性研究。家户脱离贫困与陷入贫困的动态转换过程以及持续处于贫困或非贫困的状态是贫困动态问题关注的首要问题。但是以往的研究主要利用宏观加总数据总体考察贫困发生率的变化,而我们将利用1989—2009 年中国健康与营养调查的微观家户数据。首先,通过贫困转移矩阵描述贫困的动态变化过程;其次,通过生存分析研究家户贫困或非贫困状态的转变,以及转变发生前,初始状态的持续期限对这种转变的影响。在研究中,我们也通过使用绝对贫困线和相对贫困线这两种贫困标准,从绝对贫困和相对贫困两种理念上,去理解这种贫困转变的发生。另外,我们也会考虑家户的异质性特征对贫困动态转换的影响。

第二,中国农村家户贫困动态的评估。贫困动态评估或测度包含两方面的内容,一是对家户在一定时期内的长期贫困(结构性贫困)和暂时贫困(随机性贫困)进行评估,二是评估家户的贫困脆弱性。事实上,关于这两方面问题的研究是统一的,因此,我们这里主要评估了农村家户贫困脆弱性,并对其进行分解。研究贫困动态的一个主要目的是预测家户在未来的贫困状况,贫困脆弱性反映了家户在未来陷入贫困的概率,因而成为本研究关注的又一焦点问题。同时,贫困脆弱性研究又是对长期贫困和暂时贫困研究的发展。在后文中,我们通过计算家户未来收入的期望以及未来收入的方差来评估家户的脆弱性水平及其变动趋势,前者反映了家户获得收入的能力,而后者反映了家户面临收入风险的大小。进一步,通过脆弱性分解,分别描述了上述两个因素对家户在未来陷入贫困可能性的贡献。

第三,对中国农村家户贫困动态的解释:研究贫困人口在生产经营活动中的经济行为与贫困动态的关系。前面两部分的研究都是通过对大样本微观数据的统计分析,从总体上呈现贫困动态转换和贫困脆弱性的变动趋势。这一部分将研究视角瞄准贫困农户的微观经济行为,来考察短期内农户在生产经营活动中所做出的经济决策对其贫困状态转换的影响。在长期内,家户的物质资本、人力资本、社会资本的变化是导致贫困动态转换的主要原因,而短期内,这些要素是相对固定的。短期内农户贫困状态的改变主要依赖于外界援助以及自身经济决策带来的利好结果。因此,这里通过农户生产经营费用支出结构变化来反映家户的经济行为,研究农户支出结构变化对其贫困状态转换的影响。

第四,针对不同动态类型的贫困群体设计合适的反贫困政策。过去,由于我国的贫困分布是大面积且相对集中的,因此在扶贫工作中,主要以贫困县、贫困村为主要扶贫瞄准对象,大力推动当地的基础设施建设,发展县域经济。这一扶贫思路试图通过经济增长的"涓流效应",使社会底层的居民享受到经济增长带来的成果。这些政府有组织、有计划、大规模实施的扶贫开发工作也取得了较大的成就。但是进入 21 世纪,随着贫困人口的大量减少,贫困的分布特征也发生了变化,由大规模的聚集转向大分散、小聚集。而对于剩余的贫困人口,其贫困持续的惯性更强,脱贫难度也更大。与此同时,还有一部分之前脱离贫困的家户,在依靠自己的发展能力自由参与市场经济活动时,具有较高的脆弱性,随时可能因为遭受各种风险冲击而重新陷入贫困。例如,2008 年的金融危机使得大量在珠三角地区打工的农村青年失业。因此,对贫困动态的研究启发我们,要对不同类型的贫困人口实施不同的扶贫政策,这也值得政策制定者进一步思考。

1.3.2 相关说明和贫困概念界定

(1)本研究基于收入贫困的概念来研究贫困动态问题。贫困的概念随着对贫困认识的不断深化而发展,从收入贫困的概念发展到能力贫困、权利贫困的概念,从一维贫困的概念发展到多维贫困的概念。但本书仍然基于收入贫困的概念来研究贫困动态问题,遵循"收入水平不足以购买维持身体正常功能所需的最低生活必需品"这样一种对贫困的理解。其原因主要有以下两个方面:第一,本书对贫困动态问题的研究主要以定量研究为主,致力于通过对家户福利水平的动态变化的分析来研究在一定时期内家户贫困状态的转变。因此,鉴于数据的可获得性、贫困人口界定的简便性及可操作性,使用收入贫困的概念具有先天的优势。第二,大多数情况下,以收入表示的家户福利水平,与多维贫困中的其他维度呈现正相关的关系,例如,在收入水平较高的群体中,其接受教育水平、医疗水平也相对较高。因此,尽管贫困的概念不断得到发展,但是在当前贫困领域的研究文献中,收入贫困的概念仍然被广泛使用。

(2)贫困线的选择。基于收入贫困的概念来确定家户是否处于贫困状态,需要一条事先确定的贫困线标准。本书使用中国官方制定的贫困线标准和世界银行的贫困线标准,这两者都是基于马丁法(Ravallion,1994)测算的绝对贫困线。其计算步骤为:首先根据营养学家的测算确定一个最低的维持人的正常生活所必需的热量摄入量,然后根据处于低收入组的农村居民的饮食习惯制定获得该最低限度热量所需的一篮子食物组合;然后,用一定时期的价格水平,将这些食物组合换算成现金量;最后用该数值除以食物支出在总支出中的比例(即恩格尔系数),确定最终的贫困线标准。由马丁法所测算的贫困线又分为低贫困线和高贫困线,其中,低贫困线等于基本的食物支出加上刚好有能力达到食物贫困线的住户所必需的非食物支出,这是维持居民正常生活的最低标准;高贫困线是指食物支出实际上达到食物贫困线时住户的总支出水平(这部分住户不是通过削减其非食物支出才达到食物贫困线的)。根据此方法,世界银行原先的贫困线标准为低贫困线人均每天 1.25 美元,高贫困线人均每天 2 美元(2015 年,绝对贫困线标准上调至人均每天 1.9 美元)。中国官方制定的贫困线标准在2009 年为人均年收入 1 196 元,在 2011 年大幅上升到人均年收入2 300元。2011 年之后的国家贫困线在 2011 年 2 300 元标准的基础上,根据各年的通货膨胀水平进行调整。详细的各年官方贫困线如表1-1所示。同时,在后文的研究中,也使用了相对贫困线进行比较。

表 1-1　我国各年的官方农村贫困线与低收入线(元/人)①

年份	1985	1990	1995	2000	2001	2002	2003
贫困线	206	300	530	625	630	627	637
低收入线	—	—	—	865	872	869	882

① 1985 年、1990 年、1994 年、1997 年的贫困线由国家统计局根据全国农村住户调查数据测定,其他各年的贫困线在这些基础上按农村物价指数进行调整。从 2000 年开始,提出了一条低收入线,即调高的贫困线。其计算方法是以 1997 年的食物贫困线除以 60%,即假设贫困人口的恩格尔系数为 60%。在 2009 年,两条贫困线合为一条,即设定 1 196元的低收入线,原因是把低保户作为绝对贫困人口。

表1-1(续)

年份	2004	2005	2006	2007	2009	2011	
贫困线	668	683	693	785	—	—	
低收入线	924	944	958	1 067	1 196	2 300	

资料来源:国家统计局农村社会经济调查司.中国农村贫困监测报告2008[M].北京:中国统计出版社,2009:9.2009年和2011年的贫困线为官方新闻发布。

(3)本书选择农村家户作为贫困动态问题的研究对象,这是因为中国几乎所有的贫困人口都居住在或来自农村。世界银行依据国家统计局在2003年以全国为样本的城乡人口调查统计得出的数据进行估计的结果表明,按照世界银行的贫困线标准①,无论是以收入贫困率还是消费贫困率来衡量,几乎所有(99%)的贫困人口都是在农村地区。贫困发生率在农村地区比全国平均水平高得多(分别为6.9%和13.1%),与此同时,城市的贫困发生率相当的低(分别为0.2%和0.3%)(世界银行,2009)。此外,家户是社会生活中最基本的单位,家户成员在一起生活,共享家户所拥有的各种资源,因而也具有相同的福利水平,因此,家户也成为贫困研究中最常采用的基本研究单位。

1.3.3 研究思路和章节安排

本书的研究思路如图1-1所示。这一研究思路也由后文的章节安排所体现。本书的章节安排如下:第2章和第3章是对贫困动态基本理论和研究前沿的介绍。其中,第2章介绍了贫困理论和贫困动态理论的概念和研究演进,包括贫困概念的发展、贫困问题研究的理论前沿,并通过一个理论框架解释贫困动态研究中的几个主要问题。第

---

① 贫困线标准为按2003年的农村(城市)价格计算,每人每年888(1 124)元。

3章较为系统地梳理了发展经济学界在贫困动态变化方式、动态贫困的测度、动态视角下的贫困预防与应对等方面的研究,以及中国贫困动态问题研究的最新进展。

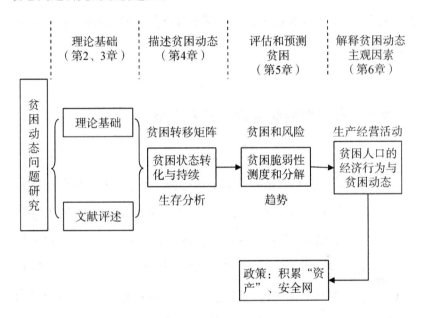

图 1-1　贫困动态问题研究思路

　　接下来的三章,即第 4 章至第 6 章从三个方面,利用大样本微观农村家户数据,通过实证研究来刻画贫困动态。其中,第 4 章在1989—2009 年中国健康与营养调查数据的基础上,通过贫困转移矩阵和生存分析方法,向读者呈现了中国农村贫困动态的转换和持续,尤其注意贫困或非贫困持续的时间对这种状态转换的影响。第 5 章对贫困动态的研究转向总体评估和事先预测,我们通过对贫困脆弱性的测量,评估了家户在下一期陷入贫困的概率。进一步,通过对贫困脆弱性分解,出示了低期望收入和未来收入的风险这两个因素对家户在未来陷入贫困可能性的贡献。第 6 章研究了生产经营费用支出结构与贫困动态的关系，试图从贫困人口的经济行为出发，为短期内的贫困动态提供一个主观因素的解释。第 7 章是全书的总结，站在贫困动态的视角上，基于脱离贫困和陷入贫困并存这一特征事实，提出相应的政策建议。

1.4　本研究的特色和可能的创新

第一，本研究分析贫困的方式是动态的。本书在对贫困的研究和评估中引入了时间维度，通过对大样本微观家户数据的分析和处理，在一个较长的时期内，反映中国农村贫困的动态变化和持续。这里与以前学者的研究（张立东等，2009；王朝明、姚毅，2010；罗楚亮，2010）所不同的是，本书不仅仅关注两个时期间贫困状态的转换，以及影响这种转变发生的因素。而且本书还利用生存分析研究方法，从家户的生命历程出发，在一个较长的时期内（1989—2009 年），关注转变发生之前，家户所经历的贫困或非贫困状态的持续时期，以及这种持续时期对贫困状态转换的影响。同时，本书也基于绝对贫困和相对贫困两种不同的贫困理念对上述问题进行研究，并得出了相异的研究结论，这也从多个角度加深了我们对贫困动态问题的认识。

第二，本书通过对农村家户贫困脆弱性的测度和分解，呈现了低收入期望和收入水平的波动对家户陷入贫困概率的贡献及其变动趋势。在现有对贫困脆弱性的测度和分解的文献中，大都利用近期的家户收入或消费的横截面数据或短期面板来进行估计，并作为预测家户未来陷入贫困可能性的基础。而本书使用了多期微观家户数据来评估贫困脆弱性,呈现了贫困脆弱性水平的变动趋势,以及贫困和风险各自对贫困脆弱性的贡献比率及其变动趋势。其重要现实意义在于,通过直观呈现这种变动趋势,反映农村家户贫困性质的变化,为下一步的扶贫政策制定提供导向。

第三,本书试图站在贫困人口自身的角度,从贫困人口在生产经营活动中的经济行为出发,研究贫困人口自身的经济行为对其贫困动态变化的影响。当前对贫困动态变化影响因素的研究主要包括两个方面:一是从客观因素出发,研究各种风险冲击对家户所处贫困状态变化的影响;二是强调贫困人口自身所具备特征的变化以及外界帮扶的影响,例如,从人力资本、社会资本的视角来研究家户的贫困状态转变过程。而事实上,在短期内,贫困人口的人力资本、社会资本以及其他特征和所处的外界环境相对保持稳定。而对于以传统农业生产的穷人来说,在很大程度上,贫困状态发生转变取决于贫困人口自身的经济行为和决策。当贫困人口看到脱贫的希望时,会从事高风险、高收益的经济活动,努力争取脱贫;而当其摆脱贫困陷阱后,又采用相对保守的策略,避免自己再次陷入贫困。基于这一理解,本书以贵州从事传统农业、牧业生产的贫困群体为研究对象,研究农户在各项生产经营活动中,生产费用的"支出结构升级"和"支出的多元化程度"这两个指标对家户贫困动态变化的影响,试图通过以上两个指标反映家户对未来发展的主观意愿,进而从家户的主观因素方面,为贫困动态变化的原因找到一个合理的解释。本书对这一问题的研究具有一定的特色。

2　贫困与贫困动态：理论演进

2.1　贫困概念的演进

随着对贫困问题研究的不断发展,学者对贫困概念的理解也不断深入。早期对贫困的认识主要是"收入或消费水平不能满足基本生存需要",而随后更多的学者从能力贫困、权利贫困等角度重新定义了贫困,使得贫困的概念得到了进一步的丰富。大体来说,当前对贫困的定义主要包括以下几个方面:

（1）绝对贫困（收入贫困和消费贫困）。贫困的定义随着扶贫实践的开展,以及研究者认识的深化而逐渐演变。早在 20 世纪初期,英国学者朗特里对英国约克郡工人家庭的贫困问题进行了家庭生计调查,在此基础上,将贫困定义为"总收入水平不足以购买维持身体正常功能所需的最低生活必需品",第一次定义了"收入贫困"这一可以量化的贫困概念,随后,收入贫困的概念得到了广泛的应用（Rowntree,1901）。20 世纪 60 年代,美国学者 Orshansky（1963）根据在最低生存需求和绝对经济意义上建立的"食品篮子",开始用收入米定义美国的贫困。收入贫困的概念也可以发展到消费贫困,消费贫困通过"最低生存所需支出以及满足衣食等基本生存需要"来衡量。相对于收入贫困,使用消费贫困的定义能够更加直接地体现家户的福利水平。

(2)相对贫困。美国经济学家 Galbraith(1958)将绝对收入贫困扩张到相对贫困的概念,他指出一个人是否贫困不仅取决于他拥有多少收入,还取决于其他人的收入水平。相对贫困是一个更高层次的概念,它避免了采用基本需求的概念,而是考虑了收入不平等和社会底层民众相对于社会整体的发展问题,因而往往被已经摆脱基本需求约束的发达国家所采用。英国的 Townsend(1979)在此基础上提出了用相对贫困线的方法来测量相对贫困。其基本思路是:如果某一个个体或家户的收入比社会平均收入水平低很多,那么这个个体或家户就不能充分地参与到社会生活中来。在实践中,相对贫困线通常采用收入比例法来确定,即采用一国或一个地区人均收入或中位收入的一定比例(如50%)作为相对贫困线。

(3)能力贫困。在贫困研究中过多地关注收入和消费,往往使公共政策偏离了改善人们生活质量这一真正目的。因此,20 世纪 80 年代以来,发展经济学家开始重新思考发展中国家的贫困与发展问题。阿马蒂亚·森的著作《以自由看待发展》(1999)提出"可行能力"概念,即一个人有可能实现的、各种可能的功能性活动(个人认为值得去做,或去达到的各种事情或状态)组合。他把贫困看作是对基本可行能力的剥夺,而不仅仅是收入低下。因而可行能力是一种自由,是实现各种可能的功能性活动组合的实质自由。对基本可行能力的剥夺主要表现为饥饿、营养不良、可避免的疾病、过早死亡等。阿马蒂亚·森对贫困的重新阐述也使贫困的概念从一维视野走向了多维视野。多维贫困是指人的贫困不仅仅指收入贫困,还应该包括诸如可接入基础设施所提供的服务(如自来水、道路、卫生设施)、获得的社会福利及保障等,以及对这些福利的主观感受的贫困。

根据阿马蒂亚·森的理论,联合国开发计划署编制并于每年发布《人类发展报告》,来评估每个国家的人类发展状况。在《人类发展报告》中,人类贫困被定义为对人类发展最基本机会和选择的缺失。这些基本机会和选择包括长寿、健康、体面的生活、自由、社会地位、自尊和他人的尊重。同时,基于这样一种对贫困的理解,这里也制定了一套人类贫困指数,来衡量他们的贫困状况。发展中国家人类贫困指数由三个指标构成,包括寿命的剥夺、知识的剥夺和体面生活的剥夺,因而人类贫困指数构建背后所反映的理念表明:贫困绝不仅仅是收入不足问题,而是一个能力缺乏问题,它强调了健康和教育对根治贫困的主导作用。

(4)权利贫困。从 20 世纪 90 年代开始,社会排斥、无发言权等现象被引入贫困概念中,将贫困概念扩展到权利贫困。联合国开发计划署(1996)指出贫困远不止是收入低下,贫困的实质在于人类发展所必需的最基本的机会和选择权被排斥。这里,一个重要观念的变化是,穷人作为贫困的主体,不是经济福利的被动接受者,而应该是能动地获取机会、争取权利进而享有充分经济自由的经济单位。

(5)脆弱性贫困。Morduch(1994)早在研究风险对贫困的影响时就涉及了脆弱性,这里的脆弱性可以理解为家户在面对收入冲击时缺乏平滑消费机制。正如把健康和营养的剥夺作为贫困概念的维度,这里也将脆弱性融入扩展的贫困概念,并建议在实践中,以一定时期内消费均值和方差的形式来测量贫困。Jalan & Ravallion(1999)也把中国农村贫困家户在遭受收入风险时无法对消费实现完全保险称作脆弱性。世界银行(2001)在《世界发展报告 2000/2001：与贫困作斗争》中正式提出了脆弱性的概念。该报告指出不安全(Insecurity)和脆弱性动态地描述了随时间推移的针对变化的响应。不安全是指暴露于风险,而脆弱性是指所导致的福利水平下降的可能性。

这几种贫困概念的提出反映了学术界对贫困内涵认识的深化和完善,它们相互补充、相互影响、相互作用,也使得人们对贫困的理解更加全面和深化。尽管以能力贫困、权利贫困的概念来研究贫困问题更能体现贫困的实质,但是在研究广大发展中国家贫困问题时,以收入贫困或者消费贫困的概念来研究和度量贫困仍然是广为流行的,尤其是在定量研究的文献中,大都采用这样的概念。这是因为,使用收入或消费来度量贫困在实践中较为可行,也便于进行国际间的比较。实际上,大多数情况下,以收入或消费表示的家户福利水平,与能力贫困和权利贫困中所涉及的反映"能力"和"权利"的维度,呈现正相关的关系,因此,为方便定量研究,以收入或者消费作为测量贫困的维度是可以接受的。

2.2 贫困问题研究的前沿理论

尽管学者们在贫困的实质以及减贫政策上的观点不尽相同,但是,对贫困的认识却在不断深化,而且这种认识的方向是基本一致的:从将贫困看成一种静止状态到视为一个动态过程;从一种客观状态到某些主观感受;从确定的概念到模糊的概念;从一维视野拓展到多维视野。近年来,对贫困问题的研究进入了一个更加细化、深化的时期,最新的研究关注以下几个方面:①多维贫困研究的深化;②贫困发生的微观机制;③跨时期的贫困动态研究;等等。

2.2.1 多维贫困

阿马蒂亚·森(1985)对"能力方法"进行了系统的阐述,拓展了涉及人类发展和生活质量改善的五个重要方面,为多维贫困的测量提供了理论基础。森提出多维贫困理论后,理论界面临的最大挑战是如何对多维贫困进行测量。因此,多维贫困的具体度量已经成为近年来贫困问题研究的一个焦点。现有的研究中,国外学者多侧重于对测度方法的研究。在多维贫困相关维度的确定方面,Thorbecke(2008),Alkire(2002,2007),Luzzi(2008),Naga & Bolzani(2008)等进行了大量的探讨。而 Cheli et al(2001);Eurostat(2003);Lemmi & Betti(2006)则给出了多维贫困主体的确定的方法,如模糊集理论、完全模糊及其相关方法、基于社区的身份认定等。在多维度测算方面,Bourguignon & Chakravarty(2003)详细讨论了多维贫困的测算方法及其数学性质。Alkire & Foster(2007)提出了计算多维贫困指数(MPI)的"Alkire-Foster"方法。2010 年,联合国开发计划署《人类发展报告》第一次公布了基于 Sabina Alkire 等测量的多维贫困指数(MPI)。

国内对于多维贫困的研究,主要是对国外多维贫困方法的应用。陈立中(2008)采用 Watts 多维度贫困指数,从收入、知识和健康三个维度对中国多维度贫困进行了测算,并进行了夏普里分解。王小林和 Alkire(2009)利用 AF 方法,使用 2006 年《中国健康与营养调查》数据,对中国的多维度贫困进行了测量,并进行了地区、维度和城乡分解。曹洪民等(2011)组织实施了阿坝州 13 个县的农户多维贫困调查,将多维贫困分析框架应用到中国特殊类型贫困地区的贫困分析中。李佳路(2011)按照这一分析框架,对 30 个贫困县的农户进行了收入、消费、环境卫生、教育和健康、脆弱性等维度的贫困分析。王小林(2011)利用多维贫困分析框架,运用中国 5 省(区)儿童福利示范区儿童调查数据,分析了儿童饮用水、做饭用燃料、卫生设施等维度的贫困状况。邹薇和方迎风(2011)使用 AF 方法和"中国健康与营养调查"的微观数据,测算了动态多维贫困。

但是,从多维角度去研究贫困尚处于起步阶段,研究也主要集中在理论层面。在实际操作层面上,政策制定者需要一套简单有效、为社会各界普遍认同的贫困评价指标体系。现有文献对多维贫困指标体系的研究还比较简单,特别是对指标体系中各个指标权重的选取,没有获得普遍认同的研究成果。

2.2.2　贫困发生的微观机制

近年来,对贫困问题的研究逐渐由宏观层面转向微观层面,从个体或家户的角度出发,着重关注贫困发生的微观机制,并在此基础上探寻个体或家户实现持续发展的道路。当前,主要从以下几个方面来研究贫困发生的微观机制:

(1)贫困陷阱形成的微观机制。传统的发展经济学理论认为,对于一个国家来说,在初始特征不变的条件下,存在高水平均衡和低水平均衡,而这个国家是奔向高水平均衡还是陷入低水平均衡,取决于国家是否能够达到实现持续发展的最小的资本或收入门槛水平,这种贫困陷阱的存在与在门槛附近有一个递增报酬有关。早期的发展经济学家从资本积累的角度分别对贫困陷阱理论做了阐述,如纳克斯

(1953)的"贫困恶性循环"理论,纳尔逊(1956)的"低水平均衡陷阱"理论,莱宾斯坦(1957)的"临界最小努力"理论等。在近些年对贫困问题的研究中,发展经济学家将这一研究思路引入微观层面,来考虑贫困家户或个人如何冲破贫困门槛,达到高水平均衡。研究者从不同的角度解释了多重均衡和贫困门槛形成的微观机制,如风险规避型的贫困主体会选择低风险、低回报的投资策略(Rosenzweig & Binswanger,1993;Zimmerman & Cater,2003);在存在季节性的农业生产中,信用市场的不完善导致农户无法投入适当的生产要素(Bardhan et al,2000);采用不同的生产技术会导致局部的报酬递增(Banerjee & Newman,1993)。

(2)社会资本与贫困。将社会资本概念引入贫困陷阱分析之中,是对贫困陷阱的微观层面研究的重要贡献。Santos & Barrett(2008)从非正式借贷的角度分析了社会资本对贫困陷阱的影响机制。他们发现社会资本在中等贫困家户中发挥的效应最大,最贫困的家户不能利用非正式信贷来应对风险。最后通过对社会网络形成的实证研究发现,收入和资产水平越低的家户越容易被排除在社会网络之外,因此无法进入非正式信贷网络,从而陷于贫困陷阱。Chantarat & Barrett(2010)在《社会网络资本与经济流动性》一文中较为具体地分析了社会资本构建对于跳出贫困陷阱的作用。他们认为社会协调能够在一定条件下解决"贫困陷阱"问题,从而弥补自由市场的缺陷。但是如果社会交往有成本的话,又可能导致社会网络形成"嫌贫爱富",从而导致有些家户陷入贫困陷阱而不能自拔。

(3)贫困群体的社会心理和贫困文化。贫困人群长期处于物质资源匮乏状态,形成了贫困人群特有的社会心理和贫困文化。这些社会心理和贫困文化大都是消极的和保守的,这也在很大程度上限制了贫困人口实现脱贫的积极性。Kuruvilla & Jacob(2007)通过调查发现贫困主体报告自己感到绝望、倾向短期决策、自卑。王俊文(2007)认为贫困人口长期生活在贫困之中使得其具有强烈的宿命感、无助感、自卑感、目光短浅、视野狭窄等特征。赵春玲、赵峰(2006)指出我国农村贫困人口的社会心理主要有期望失落感、相对剥夺感、焦虑心理、怀旧心理。穆光宗(1999)将贫困文化的具体表现归结为:听天由命的人生观,得过且过的生活观,重农抑商的生产观,好逸恶劳的劳动观,温饱第一的消费观,有饭同吃的分配观,崇拜鬼神的文化观,多子多福的生育观,等等。贾俊民(1999)将贫困文化的具体表现归结为:听天由命的人生观;安于现状,好逸恶劳的幸福观;不求更好,只求温饱的生活观;老守田园,安土重迁的乡土观;小农本位、重农轻商的经济观;"等、靠、要"的度日观。

(4)贫困的代际传递。贫困的代际传递是指贫困以及导致贫困的相关条件和因素在家庭内部由父母传递给子女,使子女在成年后重复父母的境遇,继承父母的贫困和不利因素并将贫困和不利因素传递给后代这样一种恶性遗传链。林闽钢和张瑞利(2012)利用CHNS数据,围绕农村贫困家庭的代际传递问题进行测算和分析,结果表明农村贫困家庭贫困代际传递明显。具体而言,与农村非贫困家庭比较,贫困家庭的代际收入弹性大,收入流动性较差;贫困家庭的子女收入对父母收入的依赖性更强;贫困家庭父辈和子辈在婚姻状况、受教育年限、收入水平、就业机会和医疗保险情况等重要社会因素方面具有明显的相关性,贫困家庭子女容易受到上一代经济和社会劣势的影响;贫困家庭父辈和子辈在受教育水平、上学机会、就业状况以及医疗保险等方面都处于明显劣势。陈全功和程蹊（2007）研究了子女教育在贫困代际传递中的作用，他们通过对 14 个省区 609 户农村家庭进行调查分析，发现子女教育有加深父代家庭贫困状况的迹象，子女接受教育程度越高，自身一代家庭摆脱贫困的比例越高，并且能传承至下代家庭使其免受贫困。王爱君（2009）强调了女性在贫困代际传递中的作用，她认为贫困女性生存空间的性质和特点、获得营养食物的能力，以及受教育程度等都在按照某种模式传递给她们的下一代，如果解决了女性这一特殊群体的贫困问题，那么整个社会的贫困也就得到了很大的缓解。

2.3 贫困动态问题的基本理论

2.3.1 贫困动态问题的基本概念

在前文对贫困概念发展的介绍中，我们对贫困的认识仍然是静态的，所使用的数据大多也局限于横截面数据。然而现实中，贫困是一种状态，这种状态必然会随着时间的变化或持续或改变。因此，当我们在贫困问题的研究中开始考虑时间维度，并考虑贫困状态随时间的推进发生变化时，对贫困的理解也上升到新的层次，这便产生了贫困动态问题，这一问题也成为 21 世纪以来对贫困问题研究的新热点。为了简化和便于比较，在本书以下的讨论中，仍然以收入作为福利水平的测度指标，并相应地使用给定的收入贫困线作为判定家户贫困与否的标准。

贫困动态，来自英文词组"Poverty Dynamics"。"Dynamics"可以翻

译为动态、动力学,那么"Poverty Dynamics"强调贫困状态的"运动"和"变化"。事实上,这一词组还暗含着这种贫困状态的变化背后,一定有某种推动力在发挥作用。

从贫困状态的表现来看,贫困动态研究关注两方面的问题:一是贫困状态的转换过程,以两期为例,包括"脱离贫困""陷入贫困"和"持续贫困"等动态过程。就一般意义而言,"脱离贫困"是指家户由 t 期的贫困状态转变为 $t+1$ 期的非贫困状态,即家户的福利水平由贫困线之下跳跃到贫困线之上;"陷入贫困"是指家户由 t 期的非贫困状态转变为 $t+1$ 期的贫困状态,即家户的福利水平由贫困线之上落入贫困线之下;而"持续贫困"是指在 t 期和 $t+1$ 期都处于贫困状态。上述贫困状态的转换过程也可以推广到三个乃至更多的时期。

二是在贫困动态研究中对家户在一定时期内所处的贫困状态进行分类。考虑一定时期内贫困的发生状况,可以将贫困划分为"总是贫困"(Always Poor),"有时贫困"(Sometimes Poor)和"绝不贫困"(Never Poor)三种状态。"总是贫困"是指家户在 t 各时期内全都处于贫困状态的情况;"有时贫困"是指家户在 t 个时期内有一部分时期处于贫困状态的情况;"绝不贫困"是指在全部 t 个时期都不处于贫困状态的情况。

实际上,对于"有时贫困"的情况,又可以划分为"大多数时间非贫困""有时贫困有时非贫困"和"几乎总是贫困"三种情况。这种划分是直观的,往往又是武断的。在贫困动态的研究中更广泛使用的分类是将贫困划分为"长期贫困"(很多文献也翻译为慢性贫困,Chronic Poverty)和"暂时贫困"(Transitory Poverty)。这种划分源自弗里德曼的持久收入假说:家户的持久福利定义为其福利水平的跨期均值,而暂时福利由其余值构成。因此,将家户在一定时期内期望福利水平低于贫困线的状态称为长期贫困,它与家户的资产禀赋以及把这些资产转化为收入的能力有关,表现为较低的期望福利水平。长期贫困之外的贫困则称为暂时贫困,它源于家户无力应对冲击,表现为福利水平较大的波动(Jalan & Ravallion,1998)。

2.3.2 贫困动态问题研究的理论框架

1. 基本模型

借鉴 Barrett(2005)的思路,并加以扩展,这一小节将通过一组简单的公式来讨论贫困动态的主要研究内容,这也为研究贫困动态问题建立了一个基本的理论框架。这里以收入作为福利水平的测量指标,家户的收入水平 Y 是资产报酬,指暂时性收入冲击和测量误差之和,即:

$$Y = A^{'}R + \varepsilon^{T} + \varepsilon^{M} \qquad (式2-1)$$

这里,A 是家户所拥有的一组生产性资产,这里的资产是一个广义的概念,既包括土地、家畜、农业机械等物质资本,也包括人力资本、社会资本等。R 是资产 A 的回报率,表现为将生产性资产转化为收入的能力,即生产力。ε^{T} 表示与资产回报率无关的暂时性外生收入,ε^{M} 是测量误差。资产的回报率 R 是随机性的,因此:

$$R = r + \varepsilon^{R} \qquad (式2-2)$$

其中,r 是期望回报率,ε^{R} 是任何改变资产回报率的冲击,包括对生产力的外生冲击(例如天气或病虫害的影响)和对投入品或产出品价格的冲击等。同时,这里也假设所有的冲击(ε^{T},ε^{M},ε^{R})是零均值、同方差、序列无关的。因此,收入的均值和方差分别为:

$$E[Y] = A^{'}r \qquad \text{(式 2-3)}$$

$$V[Y] = A^{'}V[\varepsilon^{R}]A + V[\varepsilon^{T}] + V[\varepsilon^{M}] \qquad \text{(式 2-4)}$$

其中,期望收入取决于家户所拥有的生产性资产的禀赋以及从这些资产中获得回报的能力,而收入的方差不仅取决于生产性资产的随机报酬率,而且取决于外生的暂时性收入冲击和测量误差。

将公式 2-2 代入公式 2-1 并进行全微分,得到:

$$dY = dA^{'}R + A^{'}dr + A^{'}d\varepsilon^{R} + d\varepsilon^{T} + d\varepsilon^{M} \qquad \text{(式 2-5)}$$

这表明,收入的变化来源于生产性资产存量的变化、资产期望回报率的变化以及各种冲击。取公式 2-5 的期望,即收入水平变化的期望为:

$$E[dY] = dA^{'}r + A^{'}dr \qquad \text{(式 2-6)}$$

公式 2-6 具有明显的政策含义。早期的扶贫政策通过增加贫困人口的资产水平(dA)来增加其收入水平(dY),例如,土地改革把土地转移给穷人,通过教育和健康项目使得穷人获得更多的人力资本,向穷人发放家畜增加穷人的资产等;而当前的扶贫政策着重强调通过提高资产回报率(dr)来增加收入水平(dY),例如,在种植业中广泛推广新的生产技术,提高农产品的价格水平,降低农产品销售成本等。

2. 贫困状态的转换

事先给定一条确定的收入贫困线(z),这条贫困线反映了满足家户基本生活需求的收入标准,当收入水平 Y 大于 z 时,家户处于非贫困状态,当收入水平 Y 小于 z 时,家户处于贫困状态。因此,当收入水平(Y)在贫困线(z)上下变化时,就发生了贫困状态的转换,由公式 2-1 和公式 2-2 可见,家户资产存量(A)和资产回报率(r)以及各种外生的随机性冲击($\varepsilon^{T}, \varepsilon^{R}$)的变化都会对贫困状态转换产生影响,但是其作用机制却有着巨大的差异。

3. 长期贫困与暂时贫困

基于公式 2-1 至公式 2-6，可以解释长期贫困和暂时贫困的形成。长期贫困定义为期望收入水平低于事前确定的贫困线，即 $E[F]<z$。因而，如公式 2-3 所示，长期贫困表现为较低的资产禀赋(A)或者较低的资产回报率(r)。那么，公式 2-6 表明针对长期贫困家户的扶贫政策就以提高家户的资产水平和资产回报率为主。

如果家户的期望收入高于贫困线，而实际收入低于贫困线时，即 $E[Y]>z$，且 $Y<z$ 时，这个家户就处于暂时贫困。暂时贫困主要是由于家户遭受了足够大的负向的随机冲击，根据公式 2-1 和公式 2-2，这主要是由于影响资产回报率的负向冲击(ε^R，$\varepsilon^R<0$)和与资产回报无关的暂时性外生的负向收入冲击(ε^T，$\varepsilon^T<0$)，由于随机性冲击 ε^R 和 ε^T 是零均值、同方差、序列无关的，因此，在下一期，家户的期望收入仍然会高于贫困线水平。也就是说，家户在经历了短暂的贫困后，在无须外界帮助的情况下，会自动地恢复到非贫困状态。

4. 贫困脆弱性

贫困脆弱性研究试图衡量家户在未来陷入贫困的可能性。在贫困脆弱性评估中，通过估计家户未来收入的期望值和方差，就可以根据给定的贫困线计算出家户在未来陷入贫困的概率。利用公式 2-3 和公式 2-4，分别可以估计收入的均值和方差 $E(Y)$ 和 $V(Y)$，以此作为家户未来收入的期望值和方差的估计值。其中，$E(Y)$ 反映了家户在未来利用其自身资产获取收入的能力，$V(Y)$ 反映了未来收入的不确定性，这两个指标在一定时期内是相对固定的。贫困脆弱性与长期贫困和暂时贫困的概念是相互联系的，当前处于贫困状态，并且具有较高脆弱性水平的家户,在下一年有很大的可能持续陷入贫困,因此是处于长期贫困的;当前处于贫困状态,但是具有较低脆弱性水平的家户,在下一年很有可能脱离贫困,因此是处于暂时贫困的。

5. 贫困陷阱理论与贫困动态

上述理论框架也可以扩展到资产贫困陷阱模型,如图 2-1 所示。假设由于资产的边际报酬递减,随着资产存量(A)的增加,采用传统的生产技术,资产的回报率(r_L)存在递减的趋势,此时,生产曲线为较平缓的那条($Y=A'r_L$)。但是当资本存量达到一定水平时(如 A^*),由于资本存量满足了采用新技术的条件,使得采用新技术后,资产的回报率(r_H)会在局部突然递增,此时,生产曲线为较陡的那条($Y=A'r_H$)。那些资产存量低于 A^* 的家户会收敛于低水平均衡,而资产水平高于 A^* 的家户会收敛于高水平的均衡,因此资产门槛 A^* 也被称为资产贫困线,而 A^* 所对应的收入水平 z 也往往被作为收入贫困线。

如上所述,以多重均衡和门槛效应为主要特征的贫困陷阱,其形成归因于内生化的资产回报率的改变,这里可以继续使用前面的数学模型来解释这种资产贫困陷阱的形成。在公示 2-5 的基础上对 A 微分,并取期望得到:

$$E[dY/dA] = r + A'E[dr/dA] \qquad (\text{式 2-7})$$

公式 2-7 表明,资产的边际收入受外生的资产回报率(r)、资产存量(A)以及内生的资产回报率(dr/dA)的影响。一般而言,资产的边际报酬是递减的,因此有 $dr/dA<0$。如果在某一资产存量水平上,存在内生的局部规模报酬递增,即 $dr/dA>0$,就会使家户的收入水平突然提高。因而,dr/dA 是否为正也是实证研究中检验贫困陷阱存在与否的基本假设。

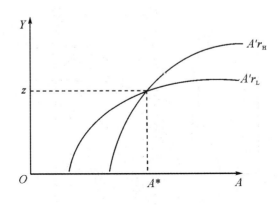

图 2-1　贫困陷阱模型

　　贫困陷阱理论与贫困动态之间的联系在以下两个概念框架下相结合。一是结构性贫困转换与随机性贫困转换。Cater & May（2001）和 Cater & Barrett（2006）结合收入（消费）贫困线和资产贫困线区分了结构性贫困（Structurally Poor）与随机性贫困（Stochastically Poor）:前者定义为当前的收入（消费）水平低于事先确定的收入（消费）贫困线,并且资产水平也低于事先确定的资产贫困线的情况;后者定义为当前的收入（消费）水平低于收入（消费）贫困线,而资产水平却高于资产贫困线的情况。他们进一步把资产水平变化所导致的脱离贫困或陷入贫困称为结构性转变,而把某种积极的或消极的随机性事件导致的脱离贫困或陷入贫困称为随机性转变。根据这一认识,我们在上述资产贫困陷阱模型的基础上利用图 2-2 和图 2-3 来展示这种贫困状态的变化。

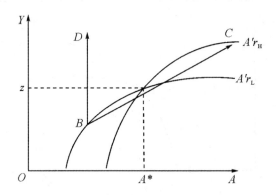

图 2-2　贫困的动态变化过程:脱离贫困

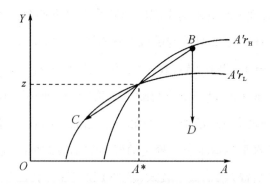

图 2-3　贫困的动态变化过程:陷入贫困

图 2-2 出示了脱离贫困的情况,家户初始位置位于点 B,这时,他的资产水平低于资产贫困门槛 A^*,收入水平低于收入贫困线 z,因而是结构性贫困的。如果下一期,他的位置变为点 C,就说这个家户实现了结构性脱贫,因为在 C 点,他的资产存量要高于资产贫困线。同时这一转变过程不但增加了资产存量,也使得资产回报率上升到更高的水平。

如果在下一期,家户的位置变为点 D,就说这个家户实现了随机性脱贫。在点 D,家户的资产水平仍然位于资产门槛之下,因而是结构性贫困的,但是其收入水平却位于收入贫困线之上,这主要是由于遭受正向的随机性冲击 ε^T 和 ε^R 的影响。

相似地,图 2-3 出示了家户陷入贫困的情况,家户初始位置位于点 B,这时,他的资产水平高于资产贫困门槛 A^*,收入水平高于收入贫困线 z,因而是非贫困的。如果下一期,他的位置变为点 C,就说这个家户发生了结构性陷贫,因为在 C 点,他的资产存量要低于资产贫困线。同时这一转变过程不但减少了资产存量,也使得资产回报率下降到较低的水平。

如果下一期,家户的位置变为点 D,就说这个家户仅仅发生了随机性脱贫。在点 D,家户的资产水平仍然位于资产门槛之上,但是其收入水平却位于收入贫困线之下,这主要是由于遭受负向的随机性冲击 ε^T 和 ε^R 的影响。

二是动态资产贫困陷阱理论,这一理论也作为划分长期贫困的理论依据。在资产贫困陷阱的基础上,Carter & Barrett (2006)进一步建立了动态资产贫困门槛的理论框架。如图 2-4 所示,他认为依据资产回报率发生局部报酬递增的资产贫困门槛水平(A^*)所确定的资产贫困线是静态的资产贫困线,资产水平低于这个资产门槛水平的家户虽然现在处于贫困状态,但是从动态的视角看,这部分贫困家户又可以分为两类。第一类家户的资产存量低,资产回报也低,由于这些家户需要首先满足基本需求,所以有较低的储蓄意愿,缺乏可用于投资的剩余财富,将会到达低水平的均衡。第二类家户是有远见的向前看的家户,虽然未来积累资产的边际回报是降低的,但是积累的资产会使家户的资产水平移向贫困门槛水平(A^*),因此他们的最优选择是借足够的钱从而跳出这个贫困陷阱。但是,在信用市场不完善的极端贫困的地区,这种借贷受到限制,很多家户被排除在金融市场之外,只能牺牲暂时消费,靠微薄的积蓄缓慢地向资产贫困门槛(A^*)靠近。

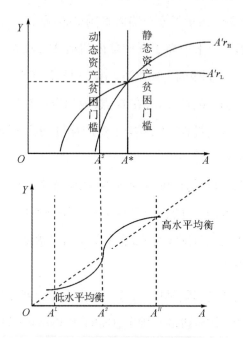

图2-4　动态资产贫困陷阱模型

一般情况下,当贫困家户的资产水平距离发生资产报酬递增的资产门槛越近,他们跳出贫困门槛的希望就越大,也就越有暂时放弃当前消费的意愿,能够实现资产的积累。因此,这就通过一个家户资产存量水平把贫困人口中能够在将来突破贫困门槛的第二类家户和无力突破贫困门槛的第一类家户区分开来,这便确定了一条动态的资产贫困门槛(A^s)。这条动态的资产贫困门槛将结构性贫困人口分解为在未来通过资产积累脱贫的人(将收敛于高水平均衡 A^H)和无限期持续陷入贫困的人(将收敛于低水平均衡 A^L),因而也可以作为从贫困人口中划分出长期贫困的依据。

到目前为止,学术界对动态资产贫困门槛的研究还处于思想逻辑的讨论阶段,很多假定是武断的,也缺乏成熟的理论模型和实证检验的支持。当然,无论是在计量技术方面,还是在现实世界中是否真的发现这样的门槛效应,想要寻找这一门槛想必是十分艰难的。

但是,动态资产贫困陷阱模型在思想上为我们的研究提供了借鉴。它启发我们,如何将当前处于静态资产贫困线之下(同时也处于收入或消费贫困线之下)的贫困家户区分出来,来看哪些贫困家户在未来能够脱离贫困,而哪些贫困人口在未来依然是贫困的。实际上,对于以多重均衡为主要特征的贫困陷阱模型,其贫困门槛本来就是一个非稳定的均衡点,尽管通过实证分析探寻门槛值有重要的现实意义,能帮助有效地瞄准贫困人口。但是,在理论研究中,更应该值得关注的是,贫困门槛的存在能够影响贫困人口的发展动力,继而影响他们面对风险和收益时的行为选择,并导致了不同的贫困动态路径。也就是说,在贫困人口的内心中,能够感觉或认识到他们正在面对一个贫困门槛的限制,如果能越过这个门槛,会实现持续的发展,迈向高水平的生活;但同时,他们也会考虑,这个门槛水平是自己遥不可及的,因而放弃了超越贫困门槛限制的努力。

3 贫困动态问题前沿文献评述[①]

多年来,世界各国为减少贫困做出了艰苦的努力,但实际的发展效果并不尽如人意,直到 21 世纪贫困依然是困扰全人类的主要问题。其中一个重要的原因在于贫困问题的动态性。以中国为例,居高不下的脱贫人口返贫率是近年来中国贫困问题的一个显著特征:2008 年的贫困人口中有 66.2%在 2009 年脱贫,而 2009 年 3 597 万贫困人口中,则有 62.3%是返贫人口(范小建,2010)。但是,长期以来,贫困理论把研究的焦点聚集在已经发生的、静态的贫困事实上,不同程度地忽视了动态贫困问题,这种研究状态直到最近几年才有所改观。经济学家越来越意识到,贫困研究不能仅仅静态地关注同一时期贫困人口的规模大小,而是应当动态地研究贫困群体在不同时期贫困状态的动态变化过程,这种状态的变化包括脱贫、陷贫或持续贫困等。这种认知基于广泛存在的贫困脆弱性事实,同时也源自制定具有动态性瞄准功能的扶贫政策、提高扶贫效率的需要。

本章第一节简单介绍学术界对贫困动态变化方式的研究。第二节介绍动态视角下的贫困概念及其测量思路,包括长期贫困、暂时贫困以及贫困脆弱性。第三节讨论动态视角下的贫困应对策略,特别是

---

① 本章的主要内容已经发表在《经济学动态》2013 年第 4 期上,题目是《动态贫困研究的前沿动态》。

风险对家户贫困的动态影响及其应对。第四节介绍了对中国贫困动态问题的相关研究。第五节是总结和简评。

3.1 贫困动态变化的方式

理解贫困动态变化首先要认识其表现方式,即描述和区分不同的动态过程。家户的福利状态可能在贫困与非贫困之间跨期转换或延续,经历脱贫、陷贫、持续贫困和绝不贫困四种动态过程。测度和评估这四种动态过程需要有家户的跨期面板数据,大多数研究都是利用消费或者收入等指标的变化来观测贫困的动态变化或持续。例如,Bigsten & Shimeles(2008)研究了埃塞俄比亚城市和农村地区1994—2004年贫困状态的转换和持续。他们利用生存分析(Survival Analysis)方法计算了家户在经历了一段时期的贫困之后脱贫的概率,以及家户在经历了一段时期的非贫困生活后又陷入贫困的概率。结果表明,这些家户频繁地陷入或脱离贫困,但是,如果贫困家户经历贫困的时间越长,他们脱贫的难度也就越大;如果家户处于非贫困状态的时间越长,他们陷入贫困的可能性就越小。这说明贫困作为一种状态,具有很强的惯性。

当面板数据缺乏时,研究中常常采用让受访者回顾过去生活,并与当前生活状况进行比较的定性研究方法。Krishna(2006,2010)用"进展阶段方法"(Stages-of-Progress Method)研究了长期贫困的动态变化。该方法将马斯洛的需求层次理论与参与式方法结合起来,要求村民以社区为单位集中讨论家户在脱贫的过程中,随着收入的不断增加,不同阶段主要增加的消费项目是什么？调查表明,在受访村民看来,食物、住房、还债、衣着是依次需要满足的基本需求,因此,只有当家户跨过了这几个基本需求的层次,才被公认为实现了脱贫。然后,回顾25年前所处的消费层次并与当前家户所处的消费层次比较,由此分析家户所处消费层次的变化以及贫困的动态变化。Adato et al (2007)在研究南非的贫困动态变化中,同样利用参与式方法对家户成员进行访谈,并通过树状图可视化地呈现出该家户过去所发生的各种重要事件及其发展轨迹,这些事件被用来解释贫困状态的变化。

Davis & Baulch(2011)认为,由于对贫困的不同理解,评估随时间而变化的贫困状态是复杂的,特别是采用不同的方法会导致不同的评估结果。他们分别使用基于生活史(Life-History)的定性分析方法和基于消费水平的定量分析方法来评估孟加拉国农村贫困的动态变化,发现这两种方法的评估结果有很大的差异。而以资产水平作为定量分析中评估贫困的指标时,这两种评估方法的差异就减少了五分之三。因此,他们建议在贫困动态变化的定量评估中,应该运用基于资产的估计方法,或者采用多维贫困的思路来进行研究。

上述研究只是针对贫困动态变化的结果,而无法揭示贫困动态变化的机制,即无法了解这种变化是由未预料的外界冲击导致的随机性变化,还是因为家户本身的可行能力发生了质的变化,使福利水平产生了结构性改变。Cater & May(2001)和Cater & Barrett(2006)结合消费贫困线和资产贫困线区分了结构性贫困(Structurally Poor)与随机性贫困(Stochastically Poor):前者定义为当前的消费水平低于事先确定的消费贫困线,并且资产水平也低于事先确定的资产贫困线的情况;后者定义为当前的消费水平低于消费贫困线,而资产水平却高于资产贫困线的情况。由于消费水平反映的是家户当前的福利状况,而资产水平反映了家户获取收入的能力,因此,前者的未来期望仍然是贫困的,而后者则期望在未来脱贫。他们进一步把资产水平变化所导致的脱贫或陷贫称为结构性贫困转变,而把由某种积极的或消极的随机性事件导致的脱贫或陷贫称为随机性贫困转变。根据这一思路,Radeny et al(2012)在对肯尼亚2000—2009年贫困动态变化的研究中,区分了结构性的贫困转变和随机性的贫困转变。结果表明,在脱贫的家户中只有很少一部分是通过积累资产脱贫的,而大部分陷入贫困的家户都经历了随机性的贫困转变。

3.2 动态视角下的贫困概念及其测量

不同时期贫困状态的变化并不能够完全刻画家户的福利特征,例如,这种变化无法反映那些总是处于贫困状态的人口由于消费变化所导致的福利成本,即贫困人口被剥夺的程度。在贫困的动态研究中,一个重要的问题是,家户贫困是长期的还是短期的,家户在未来陷入贫困的可能性有多大? 基于 Foster et al(1984)提出的 FGT 贫困指标,一些文献测算了一定时期内家户的贫困水平,并依据陷贫的原因对贫困进行了分解;另一些文献则试图将贫困观测由事后测度推进到事先预测,并提出了贫困脆弱性的概念及其测度方法。本节将介绍这些概念与测度的基本思路。

3.2.1 长期贫困与暂时贫困

根据一定时期内所观测的家户福利水平(消费)变动的结果,可以把贫困分解为长期贫困(Chronic Poverty)和暂时贫困(Transient Poverty)。评估长期贫困和暂时贫困的思路主要有三种。

第一种思路是,先确定一个经历贫困状态时段(Spells)的界线,如果一个家户在多个时期内处于贫困状态的时段长于这个界线,这个家户就是长期贫困的。例如,Gaiha & Deolalikar(1993)将在所观测的 9 个年份中,至少有 5 个年份的收入水平低于给定贫困线的家户确定为长期贫困。不过,这一思路由于没有考虑贫困的深度而受到众多非议。

第二种思路在研究中更为常用,它是把总贫困分解为长期贫困和暂时贫困两个组成部分。基于 FGT 指数中的二次贫困强度(Squared Poverty Gap)指数,Jalan & Ravallion(1998)将家户在一定时期内期望消费低于贫困线的状态称为长期贫困,它与家户的资产禀赋以及把这些资产转化为收入的能力有关,表现为较低的期望消费。长期贫困之外的贫困则称为暂时贫困,它源于家户无力应对冲击,表现为穷人消费较大的波动。暂时贫困与消费风险呈正相关关系,如果消费水平保持不变,那么社会总体的贫困就等于长期贫困,此时,暂时贫困为零。他们认为,增加贫困人口的人力资本和物质资本,或者提高这些资本的回报率,适用于缓解长期贫困;而对于暂时贫困,更重要的政策工具是维持消费稳定的保险机制。

测度暂时贫困和长期贫困的方法如下:令$(y_{i1}, y_{i2}, \ldots, y_{iD})$为家户 i 在 D 个时期内的消费,$P = P(y_{i1}, y_{i2}, \ldots, y_{iD})$ 是对家户 i 跨期的贫困测

量。P 中长期贫困的部分（C_i）被定义为当每期消费为这个时期内的平均消费（$\bar{y}_i$）时的值，即：

$$C_i = P(\bar{y}_i, \bar{y}_i, \ldots, \bar{y}_i) \qquad （式 3-1）$$

这时，其余部分被定义为暂时贫困（T_i）：

$$T_i = P(y_{i1}, y_{i2}, \ldots, y_{iD}) - P(\bar{y}_i, \bar{y}_i, \ldots, \bar{y}_i) \qquad （式 3-2）$$

因此，跨期的贫困测量是长期贫困与暂时贫困之和，通过将每个家户的贫困加总，可以得到总的贫困水平。他们利用该方法对中国农村暂时贫困的研究结果表明，从 1985 年到 1990 年，在中国农村，超过三分之一的贫困深度是由消费波动造成的，而贫困强度指标大小的一半是由消费波动造成的。大约 40% 的暂时贫困的人口在这些年来平均而言并非贫困，但是所有的暂时贫困的家庭的平均消费不高于贫困线的 50%。另外，他们的研究还表明，暂时贫困明显地限制了基于目前生活水平的扶贫政策到达长期贫困人口的瞄准效率，对于任何给定的预算，基于当前消费的瞄准比将资源平均分配给各个个体（无论他是否贫困）的政策对长期贫困有着更小的影响。Jalan & Ravallion (2000) 利用上述方法，利用中国四个省（广东、广西、贵州、云南）的数据，对暂时贫困和长期贫困做了度量，并对两者的贫困原因做了估计。结果表明在许多文献中所报道的中国农村的贫困决定因素对于长期贫困也是重要的，然而，造成暂时贫困的决定因素却不相同。

Kurosaki(2006a) 分析了上述长期贫困与暂时贫困的分解结果对贫困线变化的敏感性。他的研究结果表明，相对于 FGT 指数，基于中度风险规避的 Clark-Watts 指数的分解结果更为稳健，因而应该在经验分析中使用。Duclos et al(2010) 根据均匀分布等效（Equally-Distributed Equivalent, EDE）贫困缺口思路将所观测样本的总贫困水平分解为平均贫困缺口之和(Sum of the Average Poverty Gap in the Population)、个体间 EDE 贫困缺口不平等的代价(Cost of Inequality in Individual EDE Poverty Gaps)以及跨期不平等的代价(Cost of Inequality Across Time)。前两者构成了总的长期贫困,跨期不平等代价构成了总的暂时贫困。他们利用这一方法计算的结果表明,在中国农村,暂时贫困在总贫困中占 23%,而按照 Jalan & Ravallion 的方法计算,这一比例达到 75%。

尽管将贫困区分为暂时贫困和长期贫困使得贫困概念动态化,但其也存在许多缺陷。①根据 Jalan & Ravallion 的定义,一个长期贫困家户的消费水平可能会在大多数时期高于贫困线,而仅仅有一个时期的消费水平非常低,这与我们对长期贫困的直观感受不符;而且,一个消费波动很大的贫困家户也可能与一个总是处于相同平均消费水平的家户有着同样的长期贫困水平。②这种划分无法区分随机性的贫困转变和结构性的贫困转变,因而不能厘清贫困动态变化的原因。③一般情况下,所调查的消费与收入数据都存在比较严重的测量误差,因而根据这些数据计算的长期贫困和暂时贫困水平也存在偏误。④使用给定的消费贫困线作为区分家户是否贫困的标准过于武断,也缺乏贫困主体的行为基础。⑤这里所观测的家户贫困水平是对家户福利的事后测量,但就政策意义而言,重要的是要了解当前非贫困的家户在未来陷入贫困,或当前贫困的家户在未来仍然处于贫困状态的事前风险,并据此通过适当的事前干预来减少未来的贫困。

McKay & Lawson(2003)认为,利用面板数据来评估长期贫困存在局限性,例如,在多次内容重复的调查中有些家户会在后期拒绝合作;由于家户搬离该地或者不存在使得调查无法继续追踪,导致失访偏倚

（Attrition Bias）；消费和收入等数据存在严重的测量误差。因而，在难以获得面板数据或者现有的数据存在严重偏误时，可以通过以下方法评估长期贫困：①使用混合截面数据评估不同子群间贫困的变化；②将遭受深度的贫困或多维度贫困作为评估长期贫困的替代；③利用截面数据计算贫困的脆弱性，那些高脆弱的家户更有可能是长期贫困的；④使用人力资本、资产存量、职业地位等反映长期贫困特征的指标来进行评估。

Cater & Barrett（2006）对贫困度量的发展进行了总结和评论，他们将贫困的测度研究分为四代，每一代度量方法都对前一代度量方法的缺陷做了修正和弥补。第一代贫困测度方法是收入/支出法，这也是目前最为普遍的测度方法。这种测度方法是设定一个收入或支出贫困线，并将获得的某一个时期的收入或支出数据与该贫困线进行比较，从而将全部人口分为贫困人口和非贫困人口两类。由于这种贫困测度方法来源于横截面数据，所以作者也将其称为横截面贫困测度方法。这种贫困测度方法的缺陷是不能区分长期贫困和短期贫困。作者给出了一个例子很直观地说明了这一点：如果连续一段时期，比如说几年，贫困发生率都为33%，那么这可能是由于占总人口1/3的同一群体在这几年内一直都是处于贫困状态的，也可能是由于不断有人摆脱贫困，也不断有人陷入贫困，但是最终每个人在大约1/3的时间里都是贫困的。显然这两种情况是完全不同的，也有不同的政策含义，但是第一代贫困测度方法无法对这两种情况做出区分。

第一代贫困测度方法之所以存在上面的缺陷是因为它是基于横截面数据的，解决这一缺陷的方法是对同一群体进行多期调查，利用面板数据来代替横截面数据，这就是第二代贫困测度方法。他们将这种测度方法称为动态收入/支出贫困法，按照这种方法，可以区分长期贫困和短期贫困。第二代贫困测度方法同样存在缺陷,它不能区分不同的贫困转移。比如说,一个家庭在某个时点脱离了贫困,这可能是由于两个截然不同的原因。第一种可能是这个家庭摆脱贫困仅仅是因为好的运气,当好运过去之后,它可能会重新陷入贫困,作者将这种类型的贫困转移称为随机性贫困转移;另外一种可能是这个家庭积累了更多的生产性资产,或者是其之前所拥有的资产的报酬上升了,作者将这种情况称为结构性贫困转移。同样,一个非贫困家庭陷入贫困既可能是由于结构性因素,也可能是由于随机性因素,第二代贫困测度方法无法对这两种情况进行区分。

基于以上的情况,作者提出了基于资产的贫困测度方法,因为一个家户的资产决定了其获得收入的能力。如果一个家户的资产数量没有发生变化,资产的报酬也没有发生变化,那么该家户的收入就不会发生太大的变化。换句话说,即使出现收入的变化,那也是运气所致,由此所引起的贫困转移就是随机性的;反之,如果资产的数量发生了变化,或者资产的回报发生了变化,由此所导致的贫困转移就是结构性的。这种基于资产的贫困测度方法被称为第三代贫困测度方法。

显然第三代贫困测度方法与前两代贫困测度方法相比有了很大的改进,收入贫困仅仅是现象,资产不足才是产生这种现象的根源。那么如何运用基于资产的方法来度量贫困呢? 文中给出的方法是用一个生计函数(Livelihood Function)将资产和收入对应起来,通过超出收入贫困线所对应的资产贫困线,就实现了用资产来度量贫困的设想。可以看出,基于资产的贫困测度仍然依赖于收入/支出贫困线。得到资产贫困线之后,就可以借助收入测度的 FGT 度量体系来计算基于资产贫困线的贫困发生率、贫困深度等。当然第三代贫困测度方法也不是尽善尽美的。它虽然能够区分随机性贫困转移和结构性贫困转移,但是其实质上仍然是静态的,无法对结构性贫困的长期持续性做出回答。比如,按照第三代贫困测度可以将贫困区分为结构性贫困和随机性贫困,那么如果一个家户陷入了结构性贫困,那么它是否能够摆脱结构性贫困,还是将陷入贫困陷阱? 直观上说,第三代贫困测度方法仅仅是设定了一条资产贫困线,对于资产的动态则没有做出说明。一个家户能否摆脱贫困取决于两个因素,一是是否能够积累更多的资产,即资产的动态问题;另一个是资产的报酬是否会上升。由于后一个因素不取决于单个家户,所以家户能否跳出结构性贫困就取决于资产的动态,这就是第四代贫困测度方法。

Carter & Barrett(2006)提出了在资产贫困陷阱理论的基础上,利用家户的资产水平测度长期贫困的新思路,也构成了甄别长期贫困与暂时贫困的第三种思路,即第四代贫困度量方法。与传统研究中基于消费或收入等福利指标来测量贫困不同,他们使用家户的资产水平作为测量贫困的指标代入 FGT 指数的计算公式,将 Micawber 边界所处的资产水平作为确定家户是否为长期贫困的标准,即动态资产贫困线。如果家户的资产水平位于该边界以下,因为维持生存的需要,家户无力积累资产,因而只能采用低水平的生产技术,得到较低的回报并陷入持续的贫困中;如果家户资产水平在该边界以上,他们可以暂时放弃消费而积累资产,以达到较高的资产水平,并采用高水平的生产技术,得到较高的回报,从而跨出资产贫困陷阱。由于每个家户选择储蓄并积累资产的边界不同,因而这条资产贫困线也是动态的。此外,相对于过于武断的收入或消费贫困线,确定 Micawber 边界的资产水平作为贫困线就有了微观主体的行为基础。

3.2.2　脆弱性贫困

随着人们对贫困认识与反贫困实践的不断深入,一方面,贫困问题研究呈现微观化和动态化的趋势;另一方面,反贫困实践对贫困的事前预见提出了越来越高的要求。在这种背景下,脆弱性贫困的概念应运而生。20 世纪末,经济学家们对贫困的研究开始关注风险的影响及其应对机制。比如,天气或产品价格变动产生的外生冲击会导致低收入家庭的收入波动,进而影响到家户的福利水平。这些低收入家庭在面对冲击时如何通过自身的能力与外部的保险、信用市场、社会网络等应对机制来平滑自己的消费等,都是经济学家们关注的问题。世界银行(2001)在《世界发展报告 2000/2001:与贫困作斗争》中正式提出了脆弱性概念,认为不安全(Insecurity)和脆弱性概念动态地描述了随时间推移人们针对变化所做出的响应。不安全是指暴露于风险之中,而脆弱性是指风险等外部冲击导致福利水平下降的可能性。该报告还对风险、风险暴露、脆弱性等相关但又不同的概念进行了区分:风险包括那些降低家户福利的不确定的事件,例如,生病的风险、发生干旱的风险等;风险暴露测量了某一特定风险发生的概率;而脆弱性则是测度应对冲击后的恢复能力,即冲击导致福利降低的可能性。在研究中,脆弱性被视作家户资产禀赋、保险机制以及遭受冲击程度和频度的函数。自此,贫困研究领域中出现了大量以脆弱性为主题的论文与著作,这些文献对脆弱性的概念做出了进一步的阐述、解释和修正。

脆弱性不单单反映当下的贫困现实,更重要的是预测家户面对未来各种不确定性时陷入贫困的概率,它深入地、动态地、前瞻性地刻画了贫困。目前,定义和测量脆弱性主要有以下四种思路:

1. 以对未来贫困的期望作为脆弱性

基于以消费测量的福利水平和给定的消费贫困线,Pritchett et al (2000)将脆弱性定义为家户在未来若干年中至少一次陷入贫困的概率。在此基础上,Chaudihuri et al(2002)把 FGT 指标中的贫困深度和贫困强度融入进来,将脆弱性定义为贫困的数学期望值:t 时刻的脆弱性可以通过家户在 $t+1$ 时刻陷入贫困的概率来测量。在操作中,假设家户未来的消费服从对数正态分布,通过估计家户未来消费对数的期望值和方差,就可以根据给定的消费贫困线计算出家户在未来陷入贫困的概率。这一定义也是在脆弱性评估中最常使用的方法。具体而言,家户 h 在 t 时刻的脆弱性水平定义为该家户在 $t+1$ 时刻自身的消费水平低于贫困线的概率,即:

$$v_{ht} = \Pr(c_{h,t+1} \leqslant z) \qquad (式3\text{-}3)$$

其中,$c_{h,t+1}$ 是家户在 $t+1$ 时刻的平均消费水平,z 是合适的消费贫困线。注意,t 时刻的脆弱性水平是通过 $t+1$ 时刻家户的消费展望来定义的。通过他们对脆弱性的定义可以发现,脆弱性是对家户福利的前向或事前测量,而贫困是对家户福利的事后测量。因此,为了评估家户对于贫困的脆弱性,需要对家户的未来的消费预期做出推断。在任何时期,家户的消费取决于很多因素,例如:家庭财富、当前的收入,它对未来收入的期望,对于未来收入的不确定性,以及面对各种收入冲击时平滑消费的能力。这些因素又取决于家户特征(一些是可以观察的,另一些是不可观察的),家户所身处的宏观的和社会政治的环境特征。

Günther & Harttgen(2009)进一步利用分层线性模型从家户未来消费的方差中分离出社区层面的协方差成分和单个家户的特质性成

分,从而分解出两种不同层面风险在脆弱性中的分量。分层线性模型可以将被解释变量(收入)中未被解释的变异分解为家户层面的变异和社区层面的变异,并利用这种分解来评估家户特质性冲击和社区层面的共同冲击对家户收入的影响。最新的研究试图将资产贫困概念融入基于期望贫困的脆弱性测量。在 Chiwaula et al(2011)对喀麦隆和尼日利亚渔民的研究中,家户的期望收入由他们的资产存量决定,当存在风险时,该家户收入将会围绕该期望收入水平发生随机变动,因而可以根据这个由资产决定的收入水平和收入波动的方差来预测家户未来陷入贫困的概率。

2. 以低期望效用作为脆弱性

Ligon & Schechter(2003)基于家户效用测度处于风险环境中的家户脆弱性。在他们看来,家户脆弱性等于某个特定消费水平给家户带来的效用水平与当前消费的期望效用之间的差额。他们进而将家户脆弱性分解为贫困、协方差风险、特质性风险、未解释的风险及测量误差五部分,并评估每一部分对家户脆弱性的影响。在他们的研究中,家户 h 的脆弱性水平可以被测量为:

$$V_h = U_h(z) - EU_h(c_h) \qquad (式 3-4)$$

其中, U_h 严格单调递增,并且是凹函数。 c_h 为家户的消费水平。上式可以被改写为:

$$V_h = [U_h(z) - U_h(Ec_h)] + [U_h(Ec_h) - EU_h(c_h)]$$

$$(式 3-5)$$

上式右边第一项反映了家户在贫困线水平 z 上的效用和在消费水平 c 上的期望效用的差异,即测量了贫困;第二项测量了家户 h 所面临的风险,它可以被分解为家户所面临的总风险和特定风险。

3. 将脆弱性视作风险暴露

Kurosaki(2006b)把家户无力应对负面的收入冲击称为脆弱性:如果家户在遭受负面收入冲击时,消费的降幅很大,就认为这个家户是高脆弱的。

4. 以预期损失指数(Index of Expected Deprivation)界定脆弱性

Dercon (2005)将脆弱性定义为在不确定性的面纱揭开之前对未来贫困威胁大小的事先测度,其中"未来贫困的威胁"包含了未来遭受贫困的可能性与未来遭受贫困的严重性两个方面。在他们看来,随着对贫困的深化,贫困概念由一维走向多维,因而对贫困脆弱性的研究也应该是多维的。因此,在他们的脆弱性测量中避免使用收入或消费等福利指标。

在遭受风险冲击时,具备不同发展能力的家户会有不同的生活境遇。如果发展能力低下,贫困家户可能会雪上加霜、加剧贫困深度,一些非贫困家户也有可能跌入贫困陷阱。据此,在脆弱性的评估中,通常设定一条脆弱线来区别家户是否为高脆弱性。把家户是否为高脆弱与当前是否贫困相结合,可以将家户分为四类:①高脆弱的贫困家户,这一类家户趋向于在未来面临持续的贫困;②高脆弱的非贫困家户,这一类家户虽然当前暂时处于贫困线之上,但未来陷入贫困的可能性很大;③低脆弱的贫困家户,这一类家户虽然暂时处于贫困状态,但未来很可能脱离贫困;④低脆弱的非贫困家户,这一类家户当前不贫困,未来也不太可能陷入贫困。其中,高脆弱的非贫困家户与低脆弱的贫困家户构成了频繁经历陷贫与脱贫的主要群体。

长期贫困和脆弱性的概念往往是相关的。Mcculloch & Calandrino (2003)也提出了关于长期贫困的第三个定义,即贫困持续的强烈趋势,这一定义利用了上面所介绍的贫困脆弱性概念。他们将长期贫困看作两个或者更多的连续年份有更高的概率陷入贫困,这是对上面所述的一期脆弱性的扩展;两期脆弱性是两个连续年份贫困的期望值,它等于 $t-1$ 年贫困的期望值乘以 $t-1$ 年贫困为条件下 t 年贫困的期望值,即:

$$V_i(2) = E[p_{it}, p_{i,t-1}] = E[p_{i,t-1}] \cdot E[p_{it}|p_{i,t-1}] \quad （式3-6）$$

通过上述方法,可以计算三期乃至更高期的脆弱性。他们利用中国四川农村 1991—1995 年的数据进行研究并得出结论:首先,尽管贫困是高度动态的,但是一旦家户陷入贫困线以下,这种经历将会持续;其次,脆弱性反映了家庭平滑消费的能力,如果一个家庭是高于贫困线并且能够很好地平滑消费,他们将比更富的但是消费变化更大的家户有更少的可能陷入贫困,另外,脆弱性贫困与长期贫困的决定因素也稍有不同;最后,作者建议政策制定者应该尝试开发指标来反映长期贫困,而不仅仅是关注个体年份的收入或者消费。

3.3　动态视角下的贫困预防和应对

贫困动态形式不同,相应地要求实践中实施的反贫困策略也有所不同。McCulloch & Baulch（2000）对 1986—1991 年巴基斯坦农村家户收入进行观测发现,所观测的贫困强度中有 80% 是暂时贫困。他们通过仿真来检验反贫困策略的效果,证实了平滑家户收入的政策的可行性,即使平滑收入的程度很小,也能大幅减少暂时贫困;但是,这种政策减缓长期贫困的效果并不突出,减少长期贫困需要收入大幅度的持续增长。他们还进一步模拟了转移支付和投资政策对长期贫困的影响。结果表明,提高人力资本和物质资本的反贫困政策能够在长期成功地减缓长期贫困,而在短期可以通过增强家户跨期平滑收入的能力来降低总贫困。因此,在动态贫困视角下,家户预防和应对贫困时,除了要按照传统反贫困理论的要求,全方位提升贫困人口的发展能力、增加贫困人口的收入,还应当在贫困人口福利水平逐渐提升的过程中,将注意力转向对风险的防范与应对。

3.3.1　风险与动态贫困

对贫困的观测由静态发展到动态后,经济学家们特别关注风险在其中所扮演的角色。大量的实证研究表明,大部分观测到的贫困都是风险导致的暂时贫困,换句话说,风险导致的脆弱性在总的脆弱性水平中占据十分重要的地位。这里的风险是指家户(尤其是那些主要从事传统农业生产的低收入农户)所面临的将会造成福利水平下降的不确定冲击,如干旱、疾病、灾害等。在更一般的研究中,经济危机、产品价格变化、失业也被认为是风险的重要来源。根据产生风险的原因及其影响,风险可以分为共同风险(Common Risk)和特质风险(Idiosyncratic Risk)。前者指影响一定区域范围内所有成员的风险,如自然灾害;后者则是某一个体遭受的独特风险,如患病或失业。

风险对家户福利的影响可能是暂时的,也可能是长期持续的。在短期,风险冲击暂时改变了家户资产禀赋的回报率,使家户的福利水平发生波动,增大了暂时贫困的可能性;在长期,风险可能改变家户的资产禀赋,对家户的福利水平有持续的影响,甚至造成长期贫困。Dercon (2004)对埃塞俄比亚农户的研究表明,一次降雨冲击不仅强烈地影响了家户当期的食品消费,而且这种影响还持续了多年:4~5年前降雨量下降10%会使当前的消费增长率下降1%。Newhouse(2005)对印度尼西亚农户的研究也表明,30%的收入冲击将会持续到4年以后。

风险冲击也会导致贫困陷阱的产生。Carter et al(2007)研究了自然灾害对穷人的影响。他们的调查表明,在1998年洪都拉斯遭受飓风灾害之后,那些相对富裕的家户在遭受冲击后的第三年至少能够重建部分资产;相反,财富水平最低的那部分家户,飓风对家户资产影响的持续时间更长,也更剧烈。他们通过一个门槛估计来检验是否存在贫困陷阱。结果表明,在一个较强的假设下存在着资产门槛,那些初始资产水平在250美元之下的家户将会收敛于低水平均衡。埃塞俄比亚在20世纪90年代后期经历了三年的干旱,那些财富水平最低的家户平滑资产的行为表明,处于底层的家户即使在农业生产遭受严重损失、收入和消费都减少的时期,也会试图保持他们原本就很少的资产。与洪都拉斯的情况类似,门槛回归结果也表明,这里存在一个低水平均衡,使得贫困家户固定在这里,无法实现增长。

风险对家户福利动态的这种影响依赖于家户的风险应对策略和风险管理策略,在一定程度上间接反映了家户应对和管理风险的能力。风险应对策略是风险导致收入下降后的平滑消费行为,主要包括通过货币化的储蓄或其他资产来实现跨期的自我保险和基于社会网络的非正式风险分担;风险管理策略是为了减少事先的收入风险,即平滑收入的行为,包括通过从事多种不相关的经济活动实现收入多样化,或者从事低风险低回报的经济活动来稳定收入等。福利水平处于贫困线附近的家户如果能够有效地应对和管理风险,他们面对风险时贫困脆弱性就较低,可以避免频繁地陷贫和恢复。

3.3.2 家户的风险应对策略——平滑消费

一般而言,家户可以通过储蓄实现跨期消费平滑,通过社会网络内的借贷实现分险分担。Deaton(1991)建立了在信用市场不完善的条件下家户通过储蓄实现自我保险的模型。在他的模型中,风险规避型的家户为了实现跨期效用最大化,在面临收入风险时有储蓄的激励:通过在生活较好的年份积累资产,在生活较差的年份出售资产来平滑消费。由于短视(没有耐心),家户更偏好当前消费,因此资产也不会积累到很高的水平,无法获得较高的收入报酬,只能维持在较低的消费水平。但是,伴随着大的储蓄波动,消费得到了部分平滑。Paxson(1992)研究了泰国农民在经历降雨冲击并导致暂时性收入的变化时,储蓄的变动情况。结果表明,当农民经历冲击时,大部分暂时性收入都被转移为储蓄,而持久收入的边际储蓄倾向并不高,因此,暂时性收入的波动并没有对农户的福利造成严重的影响,因为当发生收入冲击时,储蓄可以被用来平滑消费。Fafchamps & Lund(2003)对菲律宾的穷人借贷网络进行了研究。他们的样本包括 206 个家户,在为期 9 个月的 3 轮调查中,92%的家户曾经向他人借过钱,61%的家户借出过钱,一半以上的家户同时以借款者和贷款者的身份参与过非正规的信贷交易。而且,这种非正式信贷的主要目的是满足当前的消费需求,只有很少一部分是用于投资。

由于贫困家户的储蓄十分有限,各种资产,尤其是生产性资产成了这些家户遭受风险时实现消费平滑的重要手段。Rosenzwig & Wolpin(1993)提出了一个有限期限的动态模型,并据此研究了印度北部农户在缺乏信用和租赁市场时,收入冲击导致农户出卖耕牛来获取现金,实现消费平滑的行为。尽管消费平滑使得农户不会陷入贫困,但是像耕牛这类生产性资产的匮乏使得这些农户的未来发展受到了限制。Udry(1995)在研究尼日利亚北部农户使用资产来应对风险的情况时,考虑了谷物和现金等易流动的资产和牲畜等不易流动资产的变动情况。结果表明,在发生收入冲击时,谷物储量和现金储蓄与风险冲击的发生和持续时间有显著的关系,而牲畜的数量变化并不大。这说明发生冲击时,农户大多出售更具有流动性的资产来平滑消费。类似地,Kazianga & Udry(2006)研究了布基纳法索乡村居民在1981—1985年使用牲畜、谷物储蓄、家户间借贷等保险机制应对收入风险和平滑消费的有效性。他们的研究表明,在干旱时期,家户并不能完全平滑消费。同时,不存在家户间的风险分担机制,几乎所有的家户都使用调整谷物存量这种形式的自我保险机制来平滑消费。Carter & Lybbert(2012)使用相同的数据研究了受借贷限制时的跨期平滑消费行为。结果表明,经典的消费平滑假说并不总是成立。他们进一步用门槛模型的估计表明,在经历恶劣气候冲击时,只有那些位于资产门槛之上的家户才能平滑消费,而那些位于资产门槛之下的家户则不然。

3.3.3 家户的风险管理策略——收入平滑

由于缺乏正式的保险制度和完善的信用市场,而非正式的风险分担和储蓄也只能够实现部分消费平滑,因而发展中国家的低收入家户无力应对较大的风险冲击。这时,家户为了避免遭受持续的破坏,往往会在冲击发生之前主动通过风险管理来平滑收入。

风险管理的一个例子是实现收入多元化。Ito & Kurosaki(2009)

的经验研究表明,在印度,那些暴露于农业风险的家户有更多的非农劳动供给。Cameron & Worswick(2003)对印度以及 Porter(2012)对埃塞俄比亚的研究都发现,虽然对农业的冲击使农户的农业收入下降,但与此同时,非农收入的增加也补偿了农业收入的损失。

风险管理的另一个例子是通过事先选择低风险的技术和资产组合来避免遭受大的损失。这一类研究起始于初始的资产禀赋对家户风险偏好的影响。Zimmerman & Carter(2003)使用数值模拟方法研究了不同财富水平家户的资产平滑与消费平滑行为。他们的研究表明,那些接近维持生存水平的贫困家户更愿意采用保守且回报率较低的投资策略,并且追求资产平滑而不是消费平滑,因而会陷入贫困陷阱,而那些更富有的人通常采用高回报的资产组合并追求消费平滑,从而脱离贫困。Cater & Barrett(2006)认为,高回报的生产技术需要一定的生产规模,因而存在一个动态的资产门槛水平,在该门槛水平上存在资产的局部报酬递增。资产水平高于这个门槛水平的是偏好高风险、高回报资产组合的富裕家户,而资产水平低于这个门槛水平的则是偏好低风险、低回报资产组合的贫困家户。这里的贫困家户又分为两种:第一种家户为了维持最低的生活水平,继续保持较低的储蓄率并接受低回报;第二种是有远见的,他们会暂时接受较低的消费,通过储蓄或借贷使自己的资产越过门槛水平,在未来达到高水平均衡。Lybbert & Barrett(2011)在此基础上研究了存在非凸的资产动态时,贫困人口承担风险的行为。他们认为,家户的风险偏好不是固定不变的,那些在资产门槛之下的贫困人口如果看到了脱贫的希望,会减少自己的消费,将储蓄投向高风险高回报的经济活动。一旦他们这种"搏命"行为成功,他们会为了避免再次陷入资产门槛以下转而从事低风险的经济活动。Lybbert & McPeak(2011)估计了肯尼亚牧民的相对风险规避(Relative Risk Aversion)系数和跨期替代弹性(Elasticity of Intertemporal Substitution),并比较了家户对不同状态间的不确定性偏好和对不同时期消费变动的偏好。在经验研究中,前者反映了家户对于自己的资产组合中高风险高回报资产所占份额的容忍程度;后者反映了家户对不同时期消费变动的容忍程度,这也在很大程度上反映了家户变卖资产实现消费平滑的程度。结果表明,这些牧民既是风险规避的,也对消费随时间的变动有较高的容忍。也就是说,在当前的不确定性和未来的不确定性之间,他们更关注于减少当前的不确定性。

在以上的讨论中,我们说明了有效的风险应对策略和风险管理策略是降低家户的脆弱性水平、阻止家户频繁陷入贫困的手段;然而,这些家户自发的平滑消费和平滑收入的机制并不能实现完全的保险功能,尤其是对那些面临贫困威胁的低收入家户。因而,在政府的反贫困行动中,除了提高贫困人口的教育、健康和收入水平等传统的扶贫措施,还需要通过社会安全网的建立来帮助家户防范风险,例如,在贫困地区建立并完善信贷市场和保险市场,推广社会保障政策等。

3.4 中国动态贫困问题的研究进展

近年来,随着家户调查项目的逐步实施及其数据的发布,学者们也开始对中国的动态贫困问题进行研究。这些研究主要集中于三个方面:

(1)通过对大样本微观家户调查数据进行统计分析,反映中国城乡贫困变化的趋势、特征和原因。罗楚亮(2010)根据 2007—2008 年住户追踪调查数据,描述了中国农村在这两个年份的贫困状况:大部分贫困群体仅仅经历了一年的贫困。按照官方的标准,这两年都陷入贫困的人口不到总贫困人口的 10%,因而大多数贫困人口在这两年都经历了脱贫或陷贫的动态过程。他的研究进一步发现,包括外出务工收入在内的工资性收入增长对于农户脱离贫困具有重要的贡献,而经营收入波动是农户陷入贫困状态的重要因素。Glauben et al(2012)利用马尔科夫转换矩阵描述了中国浙江、湖北、云南三省的农村家户在 1995—2004 年由前一年到下一年脱贫或者持续贫困的概率。他们的实证分析表明,这些家户的脱贫和陷贫过程是非对称的,陷贫的概率远远小于脱贫的概率。按照世界银行人均每天 1 美元的贫困线标准,这三个省的贫困家户在下一年脱贫的概率达到 40%,而非贫困家户在下一年陷入贫困的概率只有 8%。此外,王朝明和姚毅(2010)、姚毅(2012)也基于"中国健康与营养调查",从相对贫困的视角,通过贫困转移矩阵考察了中国城乡贫困的整体变动趋势及其动态演化特征和影响因素。

(2)试图改进长期贫困、暂时贫困以及脆弱性贫困的测度和分解方法,并将其应用于中国的数据,在此基础上提出相应的反贫困政策建议。章元等(2012)认为 Jalan & Ravallion(1998,2000)测量长期贫困和暂时贫困的方法存在缺陷,即:家庭或个人在非贫困时间内的消费水平不影响总贫困的度量,但是却对慢性贫困的度量产生直接影响,并进而影响慢性贫困和暂时性贫困在总贫困中的构成。因此,他们对上述方法进行了修正,在总贫困和慢性贫困的测量中,不再考虑非贫困时期福利水平的影响。随后,他们将修正后的方法应用于中国

5 个省份 1995—2002 年的农户面板数据,发现样本农户的总贫困主要由慢性贫困而非暂时性贫困构成,并建议政府应该注重对贫困家庭的教育、健康和生产技术等方面的支持。杨文等(2012)在效用理论的基础上对脆弱性进行了定义,并对其进行分解以便反映消费的不平等性和波动性。他们使用"中国家庭动态跟踪调查"(CFPS)数据对中国农村家户脆弱性进行量化与分解。结果表明多数农村家庭是脆弱的。而且,相对于村间不平等,村内不平等是脆弱性的主要组成部分。此外,万广华和章元(2009)比较了贫困脆弱性的不同评估方法对于预测贫困的准确性;李丽和白雪梅(2010)、郭劲光(2011)等学者也遵循国外学者的研究方法,对中国的脆弱性水平进行了评估。

(3)研究中国城乡家户通过储蓄和社会网络实现平滑消费的行为,由此反映家户抵御风险、避免频繁陷入贫困的能力。孟昕(2001)利用 1999 年的城市家庭收入、支出和就业调查数据,研究城市家户如何平滑他们的消费、如何应对未来的收入冲击。研究表明,中国城市家庭,包括那些受到暂时失业冲击的家庭,具有非常强烈的预防性储蓄动机,似乎能够平滑他们的消费。然而,陈玉宇和行伟波(2006)使用广东省家户收支数据的研究却发现,中国城镇家户在面临外生经济冲击时并不能对消费进行风险分担而达到完全保险,也就是说,风险分担并不能实现完全的消费平滑。陈传波等(2006)利用湖北省农村住户调查月度数据研究了家户如何平滑他们的食品、教育和医疗支出。结果表明日常食品支出能够被平滑,而日常医疗支出却不能被很好地平滑。此外,预料到的支出(大额教育支出)主要通过储蓄来平滑,而未预料到的支出(大额医疗支出)主要通过借贷来平滑。马小勇和白永秀(2009)利用陕西农户调查数据全面检验了社会网络内的风险统筹和跨期消费平滑两类风险应对机制对消费波动的影响。结果表明,两种机制都发挥着作用,但是从内部结构看,通过储蓄实现跨期消费平滑的作用更为重要。

遗憾的是,这些研究大多是追随国外相关研究理论的实证研究,在理论创新上还略显不足。大部分中国学者在研究动态贫困时,所使用的研究数据都来源于官方和一些社会组织,以大规模的城乡抽样调查为主,缺乏针对性,这也限制了研究问题的深度。而值得注意的是,很多国外学者的研究主要关注某一特定群体,并对其进行了长期的追踪研究,如非洲的牧民、渔民以及印度从事传统农业生产的农民。这些特定群体持有单一的资产,并从事单一的生产活动,因而在动态贫困问题的研究中,其福利水平、资产存量以及经济行为的变化较为突出,易于观测和比较,也易于验证理论模型的假设,这也推动了理论研究的深入发展。

3.5 简评

20 世纪末,发展经济学家对贫困问题的研究逐渐由静态研究转向动态研究,从而开辟了新的研究视角,使动态贫困问题成为贫困领域研究的焦点。同时,随着这一领域研究成果的不断涌现,动态贫困问题的研究也呈现出以下趋势:①在对贫困动态变化方式的研究中,逐渐由单独的定性研究或定量研究过渡到定性和定量相结合的方式,由单独关注某一福利指标的变化过渡到关注贫困主体发展能力的变化。同时,这些研究也吸纳了社会学的研究方法,使得结论更令人信服。

②在对动态贫困测度的研究中,逐渐由事后测度转向事前预测。同时,学者们也在克服测量误差、贫困线的敏感性等问题方面做了进一步的细致努力。③关于动态视角下对贫困的预防与应对方面,研究的侧重点逐渐由贫困主体被动应对风险冲击转向主动配置自身的资源来抵御风险侵袭,因此,也更加关注贫困主体在面对风险时的行为选择。

根据 Friedman(1957,1963)的持久收入理论,家户的收入可分为持久收入和暂时收入,家户的消费与持久收入有关,而暂时收入则是储蓄的主要来源,因而当收入发生波动时,消费能够得到完全保险。但是,当我们考虑贫困人口福利水平在一定时期的动态变化时,新古典理论暴露出了它的局限性。贫困人口长期处于(甚至低于)维持生存的状态,其最优选择是将当期收入全部消费以满足(甚至还不能满足)基本需求,因而缺乏实现持续发展的资本积累。即便通过政府的扶持和自身的努力实现了脱贫,他们也不得不动用那些本应用于投资的资产来防范风险,在避免陷入贫困的同时也失去了进一步发展的机会,这就导致他们依然具有较高的贫困脆弱性,随时都有再次陷入贫困的可能。因而,我们往往会观测到,一些贫困人口脱贫的同时,还有相当比例的人口重新陷入了贫困。

关于动态贫困的理论研究也拓展了贫困陷阱理论。贫困陷阱理论表明,在家户福利分布中存在一个门槛值,高于这个门槛水平的家户将收敛于高水平均衡,而低于这个门槛水平的家户将收敛于低水平均衡。而在贫困动态问题的讨论中,这种向高水平均衡收敛的过程并不能自动实现,即便脱离了贫困也不是一劳永逸的,家户仍然面临返贫的威胁和持续发展的约束。在这个意义上,贫困陷阱理论研究的这种拓展,可以为近年来兴起的"中等收入陷阱"问题研究提供一种微观分析基础。

贫困的动态变化问题特别关注家户在贫困与非贫困之间生存状态的转变(或持续),这种状态转变与经济流动性既有区别又有联系。经济流动性反映了家户所处的收入阶层和社会阶层的长期变化,在一个发育成熟的社会中,这种流动应该是频繁的,每一个社会成员都能接受公平的机会依靠自身的努力实现持续发展。由此观之,贫困的动态变化属于经济流动性中特定人群经历的特定阶段。

与近年来发展经济学研究的动态化和微观化趋势相一致,在贫困动态变化的研究中,研究者关注的焦点逐渐开始侧重于贫困主体本身的经济行为,即贫困人口或脆弱人口在面对贫困威胁时会做出什么样的经济决策,这些经济决策又如何影响家户未来的福利,最终又导致什么样的宏观效应等。对这些问题的研究不仅能深入解释贫困动态变化的原因,也有助于构建发展经济学的微观基础,因而应该是该领域未来进一步研究的方向。

4 中国农村家户的贫困状态^①转化与持续

本章利用 1989—2009 年中国健康与营养调查（CHNS）数据,致力于通过大量的统计分析,描述并呈现贫困动态变化以及持续的具体状况,并寻找其中的特征和规律。这里首先通过贫困转移矩阵统计了农村家户贫困状态的转换和持续概率,其次通过生存分析研究了家户贫困或非贫困状态的持续期限和其他异质性特征对脱离贫困和陷入贫困概率的影响。

4.1 研究背景

20 世纪 80 年代中期以来,伴随着经济增长的"涓流效应",中国有组织、有计划、大规模的扶贫开发事业取得了举世瞩目的成就。但是,我国减贫工作还存在许多不容忽视的问题,反贫困道路仍然漫长:一方面,尽管相当一部分贫困家户逐步脱离贫困,但与此同时也有一部分家户陷入贫困,脱离贫困与陷入贫困这两种反向的动态过程同时

① 本章的主要内容已经发表在《华中农业大学学报（社会科学版）》2013 年第 3 期上,题目是《中国农村的动态贫困:状态转化与持续——基于中国健康与营养调查微观数据的生存分析》。

并存(张立东等,2009);另一方面,虽然贫困发生率有所下降,但那些尚未脱离贫困陷阱、长期陷入其中的贫困人口生活异常艰辛,扶贫工作愈加困难(世界银行,2009)。这种现实表明,贫困是动态的,贫困人口动态地分布在不同的生活状态;那些长期处于贫困陷阱中的人口以特殊的动态方式反映了社会向上流动的僵滞、社会分层的固化。

长期以来,贫困理论研究一直忽视了贫困人口的这种结构变化或动态分布。通常,贫困人口都是作为一个整体在某一特定时点进行测量,比较两个不同时点之间整体贫困人口的数量变化;贫困人口的分类研究比较注重横截面的分类,如根据贫困深度分类、根据致贫原因分类等,缺乏对贫困人口结构在时间序列上的变化或动态分布进行深入的分析。这种研究状态直到最近几年才有所改观,一些学者开始用动态的眼光去研究贫困问题。在贫困动态的研究中,学者们较多地集中在面对不确定冲击的贫困脆弱性,即在未来某个时期陷入贫困的可能性(概率),忽略了贫困或非贫困的状态转化与持续问题。

本章将利用多期的微观家户面板数据,致力于从家户经历贫困或非贫困状态的生命历程出发,描述并解释在中国农村,这种状态的持续对其贫困状态转换的影响,从而在微观层面上,进一步深化对贫困动态问题,以及这一问题背后所反映的社会分层固化程度的研究。

贫困问题研究在发展经济学中占有重要的地位,在早期的研究中,主要关注贫困的概念、测度和发生机制。近十多年来,对贫困问题的研究也上升到了新的高度,从静态研究走向动态研究,因此,贫困动态问题也成为学界关注的热点。由于发展中国家普遍缺乏连续的追踪调查数据,对贫困动态的研究更多地借助于定性方法,如 Krishna(2006)和 Davis & Baulch(2011)分别使用"进展阶段方法"(the Stages

-of-Progress Method)和基于生活史(Life-History)的定性分析方法对长期的贫困动态进行研究。

而随着家户跟踪调查项目的实施,对微观面板数据的获取成为可能,也涌现出一些关于贫困状态转换和持续的定量文献,这些文献大都利用收入或消费指标来观测贫困的动态变化。张立东等(2009)利用中国健康与营养调查(CHNS)的5轮农村家庭收入调查数据,对中国农村贫困的动态发展进行了实证分析。罗楚亮(2010)描述了中国农村在2007年和2008年之间贫困的变动状况,发现大部分贫困群体仅仅经历了一年的贫困,而且大多数贫困人口在这两年都经历了脱离贫困或陷入贫困的动态转换过程。王朝明、姚毅(2010)采用贫困指标束和转移矩阵的方法,分别考察了中国贫困的整体变动趋势及其动态演化特征。

上述研究主要是通过基本的统计分析来描述贫困的动态转换过程,而事实上,正如前面所讨论的,除了直观地关注家户在两个时期之间的贫困状态转换,家户此前持续处于贫困或非贫困状态的延续时间跨度也对贫困状态的转换产生重要的影响,这也是贫困动态问题的一个关注焦点。当然,也有研究做了类似的努力。Glauben et al(2012)利用贫困转换矩阵描述了中国浙江、湖北、云南三省的农村家户在1995年至2004年期间脱离贫困或者持续贫困的概率。在此基础上,他们也利用生存分析方法研究了贫困持续时间对脱离贫困概率的重要影响。鉴于生存分析主要针对期限数据(Duration Data),并能够应对数据的截取(Censoring)问题,本章将借鉴这一方法,在长达20年跨度的家户数据的基础上,利用生存分析方法研究持续贫困人口脱离贫困和持续非贫困人口陷入贫困的问题。

在以下的研究中,第二节将详细介绍本章所使用的研究方法并建立理论分析框架,包括贫困转移矩阵和生存分析;第三节介绍了研究中所使用的数据,以及基于该数据所做的贫困统计;第四节报告了实证结果,以及对该结果的详细讨论;第五节是总结。

4.2 理论框架和研究方法

4.2.1 贫困转移矩阵

贫困动态问题研究家户或个人在不同时期之间贫困状态的转换。以两期的调查数据为例,包括贫困-非贫困(脱离贫困),贫困-贫困(持续贫困),非贫困-贫困(陷入贫困),非贫困-非贫困(持续非贫困)等四种动态过程。在面板数据的基础上,可以通过贫困转移矩阵来描述不同时期之间上述变化的发生数目和概率,由 t 期到 $t+1$ 期的贫困转移矩阵如式 4-1 所示:

$$P_{t,t+1} = \begin{bmatrix} p_{00} & p_{01} \\ p_{10} & p_{11} \end{bmatrix} \qquad (式 4-1)$$

其中,下角标"0"表示非贫困,"1"表示贫困,则矩阵中 p_{00} 表示 t 期的非贫困家户,在 $t+1$ 期仍然处于非贫困状态的概率;p_{01} 表示 t 期的非贫困家户,在 $t+1$ 期陷入贫困的概率;p_{10} 表示 t 期的贫困家户,在 $t+1$ 期脱离贫困的概率;而 p_{11} 表示 t 期的贫困家户,在 $t+1$ 期仍然处于贫困状态的概率。因此,则有 $p_{00}+p_{01}=1$ 以及 $p_{10}+p_{11}=1$。

4.2.2 生存分析

处于社会底层的家户,有的频繁经历了脱离贫困和陷入贫困的动态过程,有的则在一定时期内持续处于贫困或非贫困的状态。这里需要进一步了解,那些实现了脱离贫困的家户,在脱离贫困之前经历了多长时期的贫困? 而那些陷入贫困的家户,在之前又经历了多久的非贫困状态? 因此,研究贫困动态问题,除了关注两个时期间贫困的动态变化,还应该关注家户在贫困状态发生转变之前,经历贫困或非贫困状态的持续时期对贫困状态转变的影响。

本章使用在医学统计学中广泛使用的生存分析(Survival Analysis)方法来对上述问题进行研究。如果把一般经济学比喻为研究人类经济系统"生命活动规律"的"生理学",那么发展经济学就是一种"病理学",它要研究发展中国家经济系统不发达的成因、机理及走向发展的机制(叶初升,2005)。追随这一比喻,在微观发展经济学对贫困问题的研究中,可以把贫困主体处于贫困这样一种令人遗憾的状态称为"病态"。在生活中,有的人仅仅经历了短期的疾病后就会痊愈,而有的人却经历了长期的慢性病过程,还有一些人因为体质弱,经常性地经历由患病到痊愈,再到再次患病的过程。这些不同类型的病症,其治愈的条件和难度也是不同的。类似地,家户或个人也会像经历病痛那样经历贫困。

生存分析被用来研究所关注的结果变量在某一关注事件发生前所持续的时间,它使用生存函数(Survival Function)或危险函数(Hazard Function)来描述生存时间的分布特征,通常包括参数方法、半参数方法和非参数方法。这里分别使用参数方法和非参数方法来计算家户在给定贫困或非贫困状态以及家户的异质性特征后脱离贫困和陷入贫困的概率。其中脱离贫困的概率与已经经历了若干时期贫困的家户脱离贫困的可能性有关,而陷入贫困的概率则与已经经历了若干个非贫困时期的家户进入贫困的可能性有关。

生存分析有助于应对观测数据的截取（Censoring）问题。在调研中，一个家户往往开始进入观测时，可能已经经历了一段时期的贫困或非贫困状态；而当最后一次观测结束并退出调查后，仍然可能持续保持原先的状态。而我们无法对连续观测时段前后的家户状态进行跟踪和记录。我们将前者称为左截取（Left-Censoring），将后者称为右截取（Right-Censoring）。对于左截取问题，大多数研究倾向于忽略；而对于右截取的情况，包括样本流失和直到最后一期仍然没有发生状态转变的情况，在生存分析中都可以处理（Bigsten & Shimeles，2008）。由于本章使用的数据为离散数据，取自间隔不同的 8 个年份，当把观测数据转化为生存数据时，忽略了调查间隔不一致的问题。此外，在调查数据中，贫困状态的转换发生在前后两次调查之间，如发生在第 $a-1$ 次调查和第 a 次调查的区间 $[t_{a-1}, t_a]$ 内，也就无法确定贫困状态转变发生的精确时点，因此，这里假设转换发生的概率在两次调查之间的区间内是相同的（Cameron & Trivedi，2005）。很多研究认为由这一原因造成的加总偏误是极小的，在研究中并不需要特别处理（Bigsten & Shimeles，2008）。

图 4-1 通过一个数轴出示了使用离散数据时，贫困持续和退出的时间。假设某一家户经历了 8 次调查，在初期，即 t_0 时刻进入调查，t_y 时刻为最后一次调查。若在前 4 次调查，即 t_0 至 t_3 时刻，处于贫困状态，而在后 4 次调查，即 t_4 至 t_7 时刻处于非贫困状态，则认为家户在区间 $[t_0, t_3)$ 时刻经历贫困后，并在区间 $[t_3, t_4)$ 时刻脱离贫困。同时，在生存分析中，以上例子只会对 t_0 至 t_4 时刻进行分析，而不再考虑贫困转换发生后的情况。

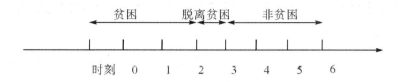

图4-1　离散数据在生存分析中的使用——贫困的持续和退出

1. Kaplan-Meier 生存函数

在研究中,本章首先使用非参数的 Kaplan‑Meier 生存函数(Kaplan & Meier,1958)报告幸存率。考虑在初始时刻处于贫困状态的情况,第 a 时刻的离散时间生存函数(Discrete‑Time Survivor Function)$S(t_a)$计算了在 $a-1$ 时刻之后家户仍然处于贫困状态的概率,即:

$$S(t_a) = \Pr(T \geq t_{a-1}) = \prod_{j \,|\, t_j \leqslant t_{a-1}} \left(\frac{n_j - d_j}{n_j}\right) \quad a = 1,\dots,A$$

(式4-2)

其中,T 是幸存时间长度,n_j 是在第 j 期处于贫困状态的家户数目,d_j 是在第 j 期脱离贫困的家户数目。同时,也可以计算出 $S(t_a)$ 的标准误:

$$sd(S(t_a)) = S(t)^2 \sum_{j \,|\, t_j \leqslant t_{a-1}} \frac{d_j}{n_j(n_j - d_j)}$$

(式4-3)

同理,以上定义和公式也可用于考虑初始时刻非贫困户随时间变化仍然维持非贫困状态的概率。

2. 风险函数

Kaplan‑Meier 生存函数计算了家户在某一时刻后仍然维持原先状态的概率,而风险率(Hazards Rate)计算了初始时刻处于贫困状态,并在 $a-1$ 时刻仍然维持贫困状态的家户,在时段$[t_{a-1}, t_a)$之间脱离贫困的瞬时概率,或者在初始时刻处于非贫困状态,并在 $a-1$ 时刻仍然

维持非贫困状态的家户,在时段 $[t_{a-1}, t_a)$ 之间陷入贫困的瞬时概率,即:

$$h_i(t_a) = pr(t_{a-1} \leqslant T_i < t_a \mid T_i \geqslant t_{a-1}) \qquad (式4-4)$$

其中,T_i 是家户 i 连续经历贫困的时间。风险率与生存函数之间存在如公式 4-5 所示的关系,即:

$$h(t_a) = \frac{S(t_{a-1}) - S(t_a)}{S(t_{a-1})} \qquad (式4-5)$$

3. 离散时间比例风险模型

风险率也可以采用参数模型来估计,这里采用离散时间比例风险模型(Discrete-Time Proportional Hazards Model)来探寻影响这种状态转变的因素。这一方法有助于解决以下两方面的问题:一是考虑了家户贫困或非贫困状态的持续时期对贫困状态变化的影响;二是考虑了相关家户特征对贫困状态变化的影响,从而体现了家户异质性特征的影响。追随 Jenkins(1995)的研究,在公式 4-4 的基础上,假设风险函数采用互补重对数的形式(Complementary Log-log Hazard Rate),则有:

$$h(t_a \mid x) = pr(t_{a-1} \leqslant T_i < t_a \mid T_i \geqslant t_{a-1}, x)$$
$$= 1 - \exp(-\exp(\ln h_{0a} + x(t_{a-1})'\beta))$$

$$(式4-6)$$

其中,h_{0a} 是基准风险率,它可以是时变的也可以是固定的,并可以预先设定服从某一种分布。x 是影响家户贫困转变的一系列特征变量,并且允许这些变量随时间的变化而变化。由于我们的观测时点是离散的,贫困状态的转变发生在两次观测之间,因而这里主要关注 $a-1$ 时刻所观测的家户特征变量 $x(t_{a-1})$ 对区间 $[a-1, a)$ 中发生贫困状态变

化的风险率 $h(t_a)$ 的影响。β 为待估计参数,如果相应的自变量提高一个单位,风险率将是基准风险率的 e^{β} 倍。公式 4-6 也是后文实证分析所采用的基本模型。

4.3 数据及贫困统计

4.3.1 数据介绍

本章使用中国健康与营养调查(CHNS)的面板数据进行实证分析。CHNS 由美国北卡罗来纳大学教堂山分校(The University of North Carolina at Chapel Hill)卡罗来纳人口中心和中国疾病预防控制营养和食品安全所实施并提供,所调查的省份包括辽宁、黑龙江、江苏、山东、河南、湖北、湖南、广西和贵州九个省份。该调查依据不同的地理位置、经济发展程度、公共资源稀缺程度和健康状况以户为单位选取调查样本,记录了家户的人口特征、健康、营养以及经济状况等方面的信息。尽管这一调查不是专门为中国居民的收入而设计的,但是调查中包括了上述省份城市和农村居民的收入来源及家户特征信息,这就使我们考察中国农村家户贫困情况成为可能。该调查截至 2012 年年底一共发布了八轮(1989 年、1991 年、1993 年、1997 年、2000 年、2004年、2006 年、2009 年),其中辽宁省缺席了 1997 年的调查,并在该年由黑龙江省代替。自 2000 年开始,这两个省份都参加了调查。本章使用上述所有八个年份的农村家户数据来考察家户贫困的动态变化和持续性。鉴于本章的研究目的,这里仅保留连续参加两轮以上调查的农村家户作为研究对象,最终,总计有 2 539 户参加了 14 766 次调查,平均每户参与调查的频率是 5.8 次。

表 4-1 列出了家户参加调查的情况。其中,最后一列"类型"表示了家户参加调查轮次的情况,"1"表示参加了相应轮次的调查,"＊"表示未参加相应轮次的调查。例如,第一行表明有 900 户参加了全部八轮的调查,占全部参加调查的 2 539 户中的 35.45%,第二行表明有 211 户未参与前三轮的调查,占所有参加调查家户的 8.31%,第三行表明有 142 户仅仅参加了最后三轮的调查,占所有参加调查家户的 5.59%。

表 4-1　　　　　　　　　　样本家户参与调查情况

家户数目	频率(%)	累计率频(%)	类型
900	35.45	35.45	11111111
211	8.31	43.76	＊＊＊11111
142	5.59	49.35	＊＊＊＊＊111
109	4.29	53.64	111＊1111
96	3.78	57.42	＊＊＊＊1111
96	3.78	61.21	11111＊＊＊
86	3.39	64.59	＊＊＊＊＊＊11
84	3.31	67.9	1111111＊
82	3.23	71.13	111111＊＊
78	3.07	74.2	111＊＊＊＊＊
655	25.8	100	其他类型
2539	100		

4.3.2 贫困统计

根据所调查的家户人均收入①数据,图 4-2 和图 4-3 分别给出了各年人均收入对数的核密度估计图,通过核密度估计图可以看出从 1989 年至 2009 年,农村人均真实收入对数大体呈正态分布,随着年份的增加,人均收入对数的均值逐渐增加,而收入差距也逐渐拉大。这两种变化趋势正如表 4-2 所示。表 4-2 列出了 1989—2009 年所调查的 8 个年份的人均真实收入(2009 年价格水平)和基尼系数,真实人均收入从 1989 年的 2 038 元增加到 2009 年的 9 312 元,而基尼系数则由 1989 年的 0.422 3 上升到 2009 年的 0.472 9,这也反映了在收入水平大幅增加的同时,收入差距也在逐渐增大。

表 4-2　　　　　　　　真实人均收入均值和基尼系数

调查年份(年)	1989	1991	1993	1997	2000	2004	2006	2009
真实人均收入(元)	2 038	2 237	2 445	3 332	4 044	4 980	5 871	9 312
基尼系数	0.422 3	0.387 0	0.414 9	0.404 8	0.416 7	0.427 7	0.472 2	0.472 9

本章也分别统计了这 8 个年份样本总体的贫困水平。统计样本总体的贫困发生情况首先要求选定贫困测度指标和贫困线。这里选择在贫困测度中最常使用的 Foster-Greer-Thorbecke(FGT)指数来测度贫困水平。根据 FGT 指数,样本总体的贫困水平为:

① 这里的人均收入采用了中国健康与营养调查(CHNS)所报告的人均净收入(Hhincpc)。李丽和白雪梅(2010)在使用该数据的研究中所使用的是人均总收入,她们认为净收入是从总收入中减去了婚嫁、随礼、教育方面的支出,与传统的净收入不是一个概念。而笔者在对数据进行细致统计后发现报告的净收入是净经营收入、农业收入、渔业收入等各子项净收入之和,出现负值是因为在某些经济活动中投入超过了收益。该调查报告的总收入源自净收入与婚嫁、随礼、教育方面的支出之和,因而我们认为该数据所报告的净收入真实反映了家户的收入情况,而总收入是有偏误的。

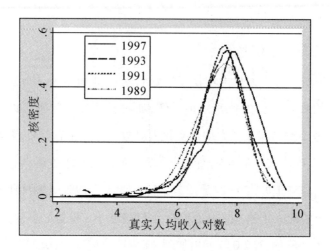

图 4-2 1989—1997 年所调查年份真实收入对数的核密度估计

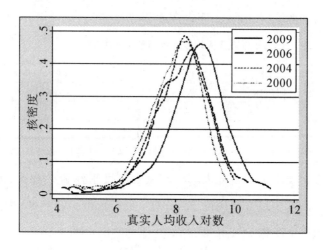

图 4-3 2000—2009 年所调查年份真实收入对数的核密度估计

$$P^\alpha = \frac{1}{n} \sum_{i=1}^{n} \max \left(0, \frac{z - y_i}{z}\right)^\alpha \qquad （式 4-7）$$

其中,y_i 为第 i 个家户的收入水平,z 为事先选定的贫困线,n 为样本总体的家户数目,α 为贫困厌恶系数。当 $\alpha = 0$ 时,上式表示贫困发生率

FGT(0),当 $\alpha = 1$ 时,表示贫困深度 FGT(1),当 $\alpha = 2$ 时,表示二次贫困强度 FGT(2)。

对于贫困线的选择,一般有两种思路:一种是绝对贫困的思路,即事先确定一条固定的贫困线标准,如果该家户的人均收入(消费)水平低于这个标准,那么这个家户就被确定为贫困户。中国官方的农村贫困线以及世界银行所确定的贫困线都是基于马丁法测算的绝对贫困线。其计算步骤为:首先,根据营养学家的测算确定一个最低的维持人的正常生活所必需的热量摄入量;其次,根据处于低收入组的农村居民的饮食习惯制定获得该最低限度热量所需的一篮子食物组合;再次,用一定时期的价格水平,将这些食物组合换算成现金量;最后,用该数值除以食物支出在总支出中的比例(即恩格尔系数),确定最终的贫困线标准。

另一种思路是相对贫困的思路,一般来说,以社会平均收入或消费的一定比例(如50%)作为贫困线。绝对贫困线广泛地被发展中国家所采用,而相对贫困线往往在发达国家被采用,这也是因为发达国家的收入水平较高,其对贫困的理解已经超越了维持生存的概念。本章分别采用了绝对贫困线和相对贫困线来测量贫困。对于绝对贫困线,采用了中国官方各年所确定的国家贫困线以及世界银行所确定的1.25美元/天和2美元/天的贫困线标准①;对于相对贫困线,以各年度样本总体平均收入的50%作为贫困线标准。同时,在使用国家贫困线和相对贫困线时,这里以名义收入来测量贫困,而在使用世界银行

---

① 世界银行1.25美元/天的贫困线标准(2005年价格水平)大致相当于人民币1 788元/年(2009年中国农村价格水平),所采用的汇率标准为国际比较项目组(ICP)以2005年为基准年根据各国货币购买力测算的汇率标准,其中1美元约等于3.54元。

的贫困线时,以真实收入(2009 年价格水平)来测量贫困。

表 4-3 列出了基于以上四种贫困线所测量的贫困结果,包括各年份参与调查的样本家户数,贫困线标准,低于贫困线的贫困户数以及所计算的三个贫困指数 FGT(0)、FGT(1)、FGT(2)。从中可以发现,按照官方的贫困线标准,贫困发生率总体上呈现下降的趋势,在个别年份由于国家贫困线较之上一调查年份有较大的提升,也使贫困发生率有所反弹。具体来看,贫困发生率由 1989 年的 0.209 5 下降到 2006 年的 0.031 3,但是由于 2009 年,官方贫困线较大幅度地提升到 1 196 元,使得贫困发生率又有所反弹,上升到 0.080 7。相应地,贫困深度由 1989 年的 0.097 2 下降到 2009 年的 0.040 2,而二次贫困强度由 1989 年的 0.068 9 下降到 2009 年的 0.027 0。

相对于世界银行人均 1.25 美元/天的贫困线,中国官方的贫困线要低得多,因而按照世界银行人均 1.25 美元/天的贫困线标准所计算的贫困发生率要远高于按照中国官方的贫困线标准计算的结果,例如,1989 年的贫困发生率为 0.540 3,到 2009 年的贫困发生率下降为 0.107 4。而贫困深度由 1989 年的 0.264 7 下降到 2009 年的 0.052 2,二次贫困强度由 1989 年的 0.170 7 下降到 2009 年的 0.034 8。尽管按照相对贫困线来统计样本总体的贫困水平并无多大意义,但是可以发现贫困发生率在最后两轮调查中要远高于之前的调查,这也说明尽管平均收入水平有着大幅提高,但是不平等程度却愈发剧烈,处于社会底层的家户比例有所增加。

表 4-3　　　　　　　　　　各年贫困水平统计

贫困线:国家贫困线(名义人均收入)					
调查年份	样本户数	贫困线	贫困户数	FGT(0)	FGT(1)	FGT(2)
1989	1 723	259	361	0.209 5	0.097 2	0.068 9
1991	1 790	304	307	0.171 5	0.064 0	0.035 4
1993	1 691	317	206	0.121 8	0.057 9	0.038 4
1997	1 771	640	229	0.129 3	0.058 4	0.044 3
2000	1 949	625	217	0.111 3	0.046 9	0.029 4
2004	1 983	668	158	0.079 7	0.033 6	0.020 3
2006	2 024	693	144	0.031 3	0.031 3	0.020 4
2009	1 835	1 196	148	0.080 7	0.040 2	0.027 0
贫困线:1.25美元/每天(真实人均收入)						
调查年份	样本户数	贫困线	贫困户数	FGT(0)	FGT(1)	FGT(2)
1989	1 723	1 788	931	0.540 3	0.264 7	0.170 7
1991	1 790	1 788	874	0.488 3	0.206 0	0.117 8
1993	1 691	1 788	786	0.464 8	0.199 6	0.118 0
1997	1 771	1 788	546	0.308 3	0.135 1	0.085 3
2000	1 949	1 788	535	0.274 5	0.116 5	0.069 6
2004	1 983	1 788	433	0.218 4	0.090 0	0.052 5
2006	2 024	1 788	402	0.198 6	0.079 0	0.047 2
2009	1 835	1 788	197	0.107 4	0.052 2	0.034 8
贫困线:2美元/每天(真实人均收入)						
调查年份	样本户数	贫困线	贫困户数	FGT(0)	FGT(1)	FGT(2)
1989	1 723	2 861	1 329	0.771 3	0.415 2	0.279 2
1991	1 790	2 861	1 322	0.738 5	0.365 9	0.225 7
1993	1 691	2 861	1 207	0.713 8	0.350 6	0.218 4

表4-3(续)

1997	1 771	2 861	969	0.547 1	0.246 3	0.151 6
2000	1 949	2 861	880	0.452 0	0.208 9	0.128 8
2004	1 983	2 861	715	0.360 6	0.166 3	0.100 7
2006	2 024	2 861	733	0.362 2	0.156 2	0.091 9
2009	1 835	2 861	361	0.196 7	0.088 5	0.057 0

贫困线:相对贫困线(名义人均收入)

调查年份	样本户数	贫困线	贫困户数	FGT(0)	FGT(1)	FGT(2)
1989	1 723	355	534	0.309 9	0.139 9	0.092 4
1991	1 790	408	472	0.263 7	0.102 6	0.057 1
1993	1 691	536	495	0.292 7	0.118 9	0.071 4
1997	1 771	1 184	504	0.284 6	0.122 5	0.078 2
2000	1 949	1 388	610	0.313 0	0.137 2	0.082 6
2004	1 983	1 840	616	0.310 6	0.139 1	0.083 1
2006	2 024	2 270	743	0.367 1	0.162 0	0.095 5
2009	1 835	4 056	638	0.347 7	0.157 5	0.099 4

4.3.3 相关变量的描述性统计

公式4-6所示的离散时间比例风险模型考察了一组家户特征变量对风险率的影响。考虑变量的可获得性以及在贫困研究中经常考虑的影响家户贫困与否的因素。这里使用了以下变量:①家户的人口特征,包括家庭规模、户主年龄、户主年龄的平方、户主为女性;②家户的人力资本特征,这里以成年人的平均受教育年限来代替;③家户的财产特征,包括家中拥有汽车、家中拥有摩托车、家中拥有拖拉机、人均耕地面积;④家户成员的就业特征,包括家中在政府、事业单位、国企工作的人数,家中在集体企业工作的人数,家中在民营企业工作的人数;⑤接受政府援助资金的对数值和接受亲朋礼金的对数值这两个变量分别反映了家户的社会保障和社会资本的特征。表4-4 给出了这些变量的描述性统计。除此之外,也在估计模型中分别加入了家户贫困或非贫困状态的持续时期,来考虑持续性对贫困状态变化的影响。

表4-4 相关变量的描述性统计

变量		均值	标准误	观测量
家户规模	总体	4.043 4	1.428 4	$N = 12\ 227$
	组间		1.160 1	$n = 2\ 539$
	组内		0.882 0	$T = 4.8$
户主年龄	总体	46.993 5	12.531 9	
	组间		11.851 6	
	组内		6.119 1	
户主为女性	总体	0.110 1	0.313 0	
	组间		0.265 4	
	组内		0.199 8	
成年人的平均受教育年限	总体	5.677 5	2.836 0	
	组间		2.668 1	
	组内		1.213 2	
家中拥有汽车	总体	0.019 4	0.137 9	
	组间		0.096 1	
	组内		0.109 1	

表4-4(续)

变量		均值	标准误	观测量
家中拥有摩托车	总体	0.146 3	0.353 4	
	组间		0.261 1	
	组内		0.281 1	
家中拥有拖拉机	总体	0.112 8	0.316 3	
	组间		0.246 7	
	组内		0.213 2	
人均耕地面积	总体	1.127 0	2.901 4	
	组间		2.708 4	
	组内		1.850 8	
家中在政府、事业单位、国企的工作人数	总体	0.094 7	0.357 2	
	组间		0.289 7	
	组内		0.246 7	
家中在集体企业工作的人数	总体	0.176 8	0.540 3	
	组间		0.367 4	
	组内		0.420 7	
家中在民营企业工作的人数	总体	0.783 3	1.190 2	
	组间		0.633 9	
	组内		1.039 5	
接受政府援助资金的对数值	总体	0.633 6	1.611 9	
	组间		1.269 8	
	组内		1.105 6	
接受亲朋礼金的对数值	总体	0.884 5	2.040 1	
	组间		1.252 1	
	组内		1.759 1	

4.4　实证结果

4.4.1　贫困的转移概率

从样本总体来看,从 1989 年到 2009 年,贫困发生率已经大幅下降,但是这种趋势并不能完全反映各个调查年份之间贫困的动态变化。即由上一个调查年度到下一个调查年度,有多少贫困家户脱离贫困或持续贫困? 有多少非贫困家户陷入贫困或继续维持非贫困的状态? 因此,在本节中,分别根据国家贫困线、世界银行人均每天 1.25 美元的贫困线和相对贫困线对家户贫困状态的确定结果,进一步通过转移矩阵来呈现家户在两个时期之间的贫困动态变化,其结果如表 4-5 所示。贫困转移矩阵呈现了由上一个调查年份家户所处的状态向下一个调查年份家户所处状态的转变和持续的情况,包括在两种状态之间变化的家户数目及概率。例如,按照国家贫困线的标准,由 1989 年到 1991 年,原先 1 362 户处于非贫困状态的家户,有 85%,即 1 164 户仍然保持在非贫困状态,而其余 15% 的家户,即 198 户陷入了贫困;而原先 361 户贫困家户中,有71%,即 257 户实现了脱离贫困,其余的 29%,即 104 户仍然处于贫困状态。

表 4-5　　　　　　　　　贫困转移矩阵

	国家贫困线				世界银行贫困线				相对贫困线		
	非贫困	贫困	总户数		非贫困	贫困	总户数		非贫困	贫困	总户数
1989—1991 年											
非贫困	1 164	198	1 362	非贫困	466	18	484	非贫困	1 159	27	1 186
占比/%	85	15		占比/%	96	4		占比/%	98	2	
贫困	257	104	361	贫困	327	.912	1 239	贫困	178	359	537

表4-5（续）

占比/%	71	29		占比/%	26	74		占比/%	33	67	
总户数	1 421	302	1 723	总户数	793	930	1 723	总户数	1 337	386	1 723
1991—1993 年											
	非贫困	贫困	总户数		非贫困	贫困	总户数		非贫困	贫困	总户数
非贫困	1 232	140	1 372	非贫困	680	86	766	非贫困	1 176	110	1 286
占比/%	90	10		占比/%	89	11		占比/%	91	9	
贫困	229	57	286	贫困	126	766	892	贫困	41	331	372
占比/%	80	20		占比/%	14	86		占比/%	11	89	
总户数	1 461	197	1 658	总户数	806	852	1 658	总户数	1 217	441	1 658
1993—1997 年											
	非贫困	贫困	总户数		非贫困	贫困	总户数		非贫困	贫困	总户数
非贫困	1 094	139	1 233	非贫困	648	18	666	非贫困	909	106	1 015
占比/%	89	11		占比/%	97	3		占比/%	90	10	
贫困	131	33	164	贫困	267	464	731	贫困	55	327	382
占比/%	80	20		占比/%	37	63		占比/%	14	86	
总户数	1 225	172	1 397	总户数	915	482	1 397	总户数	964	433	1 397
1997—2000 年											
	非贫困	贫困	总户数		非贫困	贫困	总户数		非贫困	贫困	总户数
非贫困	1 266	152	1 418	非贫困	1 052	12	1 064	非贫困	1 064	67	1 131
占比/%	89	11		占比/%	99	1		占比/%	94	6	
贫困	171	43	214	贫困	212	356	568	贫困	86	415	501
占比/%	80	20		占比/%	37	63		占比/%	17	83	
总户数	1 437	195	1 632	总户数	1 264	368	1 632	总户数	1 150	482	1 632
2000—2004 年											
	非贫困	贫困	总户数		非贫困	贫困	总户数		非贫困	贫困	总户数
非贫困	1 440	118	1 558	非贫困	1 328	32	1 360	非贫困	1 151	98	1 249
占比/%	92	8		占比/%	98	2		占比/%	92	8	
贫困	156	22	178	贫困	151	225	376	贫困	110	377	487
占比/%	88	12		占比/%	40	60		占比/%	23	77	
总户数	1 596	140	1 736	总户数	1 479	257	1 736	总户数	1 261	475	1 736
2004—2006 年											
	非贫困	贫困	总户数		非贫困	贫困	总户数		非贫困	贫困	总户数
非贫困	1 564	109	1 673	非贫困	1 511	38	1 549	非贫困	1 151	174	1 325
占比/%	93	7		占比/%	98	2		占比/%	87	13	
贫困	128	18	146	贫困	93	177	270	贫困	79	415	494
占比/%	88	12		占比/%	34	66		占比/%	16	84	
总户数	1 692	127	1 819	总户数	1 604	215	1 819	总户数	1 230	589	1 819
2006—2009 年											
	非贫困	贫困	总户数		非贫困	贫困	总户数		非贫困	贫困	总户数

表4-5(续)

	非贫困	贫困	总户数		非贫困	贫困	总户数		非贫困	贫困	总户数
非贫困	1 580	125	1 705	非贫困	1 602	9	1 611	非贫困	1 082	150	1 232
占比/%	93	7		占比/%	99	1		占比/%	88	12	
贫困	107	23	130	贫困	137	87	224	贫困	110	493	603
占比/%	82	18		占比/%	61	39		占比/%	18	82	
总户数	1 687	148	1 835	总户数	1 739	96	1 835	总户数	1 192	643	1 835

1989—2009 年

	非贫困	贫困	总户数		非贫困	贫困	总户数		非贫困	贫困	总户数
非贫困	888	71	959	非贫困	307	0	307	非贫困	670	164	834
占比/%	93	7		占比/%	100	0		占比/%	80	20	
贫困	229	37	266	贫困	860	58	918	贫困	95	296	391
占比/%	86	14		占比/%	94	6		占比/%	24	76	
总户数	1,117	108	1,225	总户数	1 167	58	1 225	总户数	765	460	1 225

从表4-5中也可以看出,按照官方的贫困线标准,在每两个相邻的调查年度,只有小部分的非贫困家户在下一期陷入贫困,而大部分贫困家户在下一期实现了脱贫,因此,脱离贫困与陷入贫困以非对称的比例同时存在。从1989年到2009年的变化状况也是如此,在这期间,有86%的贫困家户脱离贫困,而仅仅7%的非贫困家户陷入了贫困。

当我们按照世界银行的贫困线标准——一个更高的贫困线标准——来考量贫困的动态变化时,也得到了相似的结论——脱离贫困的家户比例要高于陷入贫困的家户比例,这也直接促成了在1989年最初的贫困家户中有94%都实现了脱离贫困。但是,由于世界银行的贫困线标准远高于各个调查年度我国官方的贫困线标准,贫困家户的基数较大,因此在大多数调查年度,脱离贫困的人口比例要远小于持续保持贫困的人口比例。例如,在1989年处于贫困状态的家户中,只有26%实现了脱贫,而74%的家户仍然在1991年处于贫困状态。由此看来,虽然脱离贫困与陷入贫困的动态过程持续存在,但是贫困状态的持续性也不容忽视,尽管随着时间的推移,持续贫困的家户所占的比例在逐渐缩小。

当我们使用相对贫困线来考察贫困的动态变化时,贫困的持续性特征更为突出。在绝大多数两个相近的调查年度之间,连续贫困的家户比例超过了80%,而总体来看,从1989年到2009年,最初所调查的贫困家户中,有76%在最后一次调查中仍然处于贫困状态。另外,对于非贫困家户来说,绝大多数家户在下一次调查中也同样保持在非贫困的状态。

综上所述,当贫困线水平较低,贫困家户的基数较小时,脱离贫困与陷入贫困的动态变化较为突出;而当贫困线水平较高,贫困家户的基数较大时,贫困的持续性问题更值得关注。这也说明了大多数脱离贫困与陷入贫困的动态过程是由福利水平的小幅变化所引起的,家户在短期内的福利水平很难实现大幅度的持续性增长,收入水平相对固化。

4.4.2 Kaplan-Meier 生存函数与风险函数——非参数估计

1. 脱离贫困

首先考虑脱离贫困的情况。图4-4(a)(b)(c)列出了分别基于国家贫困线、世界银行贫困线和相对贫困线的Kaplan-Meier生存函数图,从中可以发现,按照任何一条贫困线标准,最初贫困的家户都在短期内迅速脱离了贫困。这一直观的结论进一步由表4-6所证实。表4-6显示了分别基于生存函数和危险函数所计算的幸存率和危险比(Hazard Rate)。前者和Kaplan-Meier生存函数图一致,展示了在t_0时刻(初始调查)的贫困家户在随后的调查中仍然处于贫困状态的概率或比例;而后者展示了 t_0 到 t_{a-1} 时刻连续贫困的家户,在 t_{a-1} 到 t_a 时刻之间脱离贫困的瞬时概率。

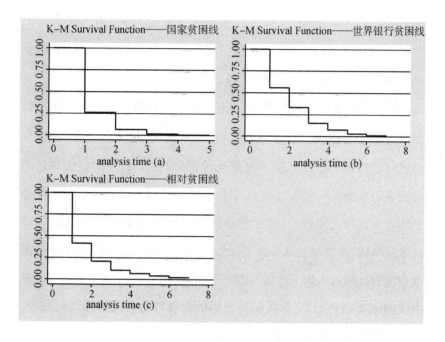

图 4-4　Kaplan-Meier 生存函数图——贫困的持续性

　　根据国家贫困线标准,那些在 t_0 时刻的贫困家户,仅有约26%的家户在 t_1 时刻仍然处于贫困状态,而且基本没有家户在 t_4 时刻之后仍然处于贫困状态。家户脱离贫困的瞬时概率由 t_0 到 t_1 时刻的0.740 2,上升到 t_3 至 t_4 时刻的 0.833 3,表明贫困持续的时间越长,其脱离贫困的可能也越大。与按照国家贫困线计算的结果类似,按照世界银行的贫困线标准,在 t_0 时刻的贫困家户中,大约56%的家户在 t_1 时刻仍然维持在贫困状态,到 t_3 时刻,只剩下15.4%,而在 t_6 时刻,只剩下约1%;而根据风险函数的计算结果,每一时刻家户脱离贫困的概率总体上呈现上升的趋势,这一数值

在 t_1 到 t_3 时刻为 0.4~0.5,而 t_5 时刻及以后上升到 0.6 以上。这一结果表明,大多数贫困是暂时现象,家户可能是偶尔经历了一次冲击导致陷入贫困线之下,之后很快会恢复;而那些剩下持续贫困的家户,也通过外界的帮扶和自身的努力,使自己的收入水平逐步向贫困线靠近,缩小了贫困缺口。

按照相对贫困线的标准,大约有41%的贫困家户在 t_1 时刻仍然处于贫困状态,在 t_3 时刻,只剩下大约10%,而到 t_7 时刻,只有大约2%的家户仍然处于贫困状态;而根据风险函数,在 t_0 到 t_1 时刻脱离贫困的概率为 0.586 3,之后逐渐有一个小幅的下降。这表明相对于社会平均收入的增长率而言,处于相对贫困线之下的贫困家户,收入的增长率要略低,这也是收入差距扩大的一种表现形式。因此,相对贫困线会随着总体收入水平的提高而不断提高,持续贫困的人口与相对贫困线的距离也会增大,导致脱离贫困的概率随着贫困的持续而减少,这也反映了相对贫困的持续性。

表 4-6　　Kaplan-Meier 生存函数和风险率——脱离贫困

(1)国家贫困线:				
时刻	总贫困户数	脱离贫困户数	生存函数 $S(t)$	风险率（脱离贫困）$h(t)$
0	0	0	1.	0
1	458	339	0.259 8(0.020 5)	0.740 2(0.040 2)
2	112	85	0.062 6(0.011 6)	0.758 9(0.091 6)
3	23	18	0.013 6(0.005 9)	0.782 6(0.206 0)
4	6	5	0.002 3(0.002 3)	0.833 3(0.425 8)
5	1	1	0.	1.000 0(1.086 9)

表4-6(续)

（2）世界银行贫困线：				
时刻	总贫困户数	脱离贫困户数	生存函数 $S(t)$	风险率（脱离贫困）$h(t)$
0	0	0	1.	0
1	1 162	514	0.557 7(0.014 6)	0.442 3(0.019 5)
2	598	241	0.332 9(0.014 2)	0.403 1(0.032 5)
3	315	169	0.154 3(0.011 4)	0.536 5(0.052 5)
4	140	72	0.074 9(0.008 6)	0.514 2(0.080 2)
5	63	39	0.028 6(0.005 6)	0.619 1(0.127 5)
6	22	14	0.010 4(0.003 6)	0.636 4(0.212 6)
7	10	6	0.004 2(0.002 2)	0.600 0(0.324 3)
（3）相对贫困线：				
时刻	总贫困户数	脱离贫困户数	生存函数 $S(t)$	风险率（脱离贫困）$h(t)$
0	0	0	1.	0
1	759	445	0.413 7(0.017 9)	0.586 3(0.027 8)
2	273	136	0.207 6(0.015 4)	0.498 2(0.051 0)
3	114	57	0.103 8(0.012 4)	0.500 0(0.083 6)
4	50	18	0.066 4(0.010 6)	0.360 0(0.119 1)
5	25	10	0.039 9(0.009 1)	0.400 0(0.173 7)
6	14	6	0.022 8(0.007 4)	0.428 5(0.246 6)
7	12	1	0.020 9(0.007 0)	0.083 4(0.260 3)

注：括号中报告了非参数估计的标准误，下同。

2. 陷入贫困

再考虑陷入贫困的情况。图4-5(a)(b)(c)列出了分别基于国家贫困线、世界银行贫困线和相对贫困线的 Kaplan-Meier 生存函数图。从图中可以看出,相对于贫困家户持续贫困的概率会随着时间的增加快速趋于0,在初始观测时期就处于非贫困状态的家户,保持非贫困状态的持续性要更强。这一直观的结论进一步由表4-7证实。表4-7显示了分别基于生存函数和风险函数所计算的幸存率和风险率。前者和Kaplan-Meier生存函数图一致,展示了在t_0时刻处于非贫困状态的家户,在随后的调查中仍然维持非贫困状态的概率或比例;而后者展示了t_0到t_{a-1}时刻连续保持非贫困状态的家户,在t_{a-1}到t_a时刻陷入贫困的瞬时概率。

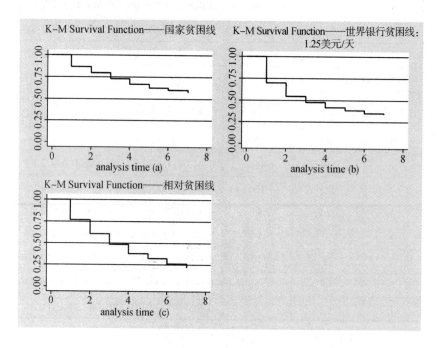

图4-5　Kaplan-Meier 生存函数图——非贫困的

根据国家贫困线标准,在t_0时刻的非贫困家户,大约有87%的家户在t_1时刻仍然处于贫困状态,到第t_4时刻,大约有67%的家户还保持着非贫困状态,而在 t_7 时刻,仍有大约 57% 的家户保持了非贫困状态;风险率随时间的推进呈现下降的趋势,在 t_0 到 t_1 时刻,非贫困状态的家户陷入贫困的概率为 0. 131 2,在 t_3 到 t_4 时刻,陷入贫困的概率下降到 0. 084 8,而在 t_6 到 t_7 时刻,陷入贫困的概率只有 0. 043 1。

根据世界银行贫困线所计算的结果也大体呈现类似的趋势,按照人均每天 1. 25 美元的贫困线标准,在 t_1 时刻,大约有 70% 的家户保持着非贫困状态,到 t_4 时刻,大约有 42% 的家户保持着非贫困状态,而到 t_7 时刻,大约还有 34% 的家户保持着非贫困状态;此时,风险率随时间的推进呈现下降的趋势,在 t_0 到 t_1 时刻,家户陷入贫困的概率为 0. 301 4,在 t_3 到 t_4 时刻,家户陷入贫困的概率下降到 0. 121 2,而在 t_6 到 t_7 时刻,家户陷入贫困的概率只有 0. 031 7。

相似地,按照相对贫困线的标准,在 t_1 时刻,大约仍然有 77% 的家户保持着非贫困状态,在 t_4 时刻,大约有 38% 的家户保持着非贫困状态,在 t_7 时刻,大约还有 22% 的家户保持着非贫困状态;此时,风险率也随时间的推进呈现下降的趋势,在 t_0 到 t_1 时刻,非贫困状态的家户陷入贫困的概率为 0. 233 1,在 t_3 到 t_4 时刻,陷入贫困的概率下降到 0. 222 4,而在 t_6 到 t_7 时刻,陷入贫困的概率只有 0. 163 1。

上述结果表明,无论按照哪一条贫困线标准,在长期,都有相当一部分农村家户面临陷入贫困的威胁,也就是说,农村家户表现出对贫困的脆弱性。例如,根据国家贫困线,那些最初非贫困的家户,有 43% 左右都在整个调查周期中经历过至少一次贫困。此外,按照绝对贫困线标准,家户连续处于非贫困状态的期限越长,陷入贫困的瞬时概率也就越小。也就是说,家户保持非贫困的时间越长,面对贫困的脆弱性也会减小,非贫困状态表现出持续性。

表4-7   Kaplan-Meier 生存函数和风险率——陷入贫困

（1）国家贫困线：

时刻	总贫困户数	陷入贫困户数	生存函数 $S(t)$	风险率（陷入贫困）$h(t)$
0	0	0	1.	0
1	2 081	273	0.868 8(0.007 4)	0.131 2(0.007 9)
2	1 522	124	0.798 0(0.009 1)	0.081 5(0.010 8)
3	1 120	96	0.729 6(0.010 7)	0.085 7(0.013 9)
4	920	78	0.667 8(0.011 9)	0.084 8(0.016 9)
5	694	43	0.626 4(0.012 7)	0.061 9(0.019 4)
6	640	28	0.599 0(0.013 1)	0.043 8(0.021 0)
7	579	25	0.573 1(0.013 6)	0.043 1(0.022 7)

（2）世界银行贫困线：

时刻	总贫困户数	陷入贫困户数	生存函数 $S(t)$	风险率（陷入贫困）$h(t)$
0	0	0	1.	0
1	1 377	415	0.698 6(0.012 4)	0.301 4(0.014 8)
2	753	166	0.544 6(0.014 3)	0.220 4(0.022 6)
3	434	55	0.475 6(0.015 2)	0.126 8(0.028 3)
4	330	40	0.417 9(0.015 9)	0.121 2(0.034 2)
5	210	18	0.382 1(0.016 6)	0.085 7(0.039 7)
6	188	17	0.347 6(0.017 1)	0.090 4(0.045 4)
7	158	5	0.336 6(0.017 2)	0.031 7(0.047 5)

（3）相对贫困线：

时刻	总贫困户数	陷入贫困户数	生存函数 $S(t)$	风险率（陷入贫困）$h(t)$
0	0	0	1.	0
1	1 780	415	0.766 9(0.010 0)	0.233 1(0.011 4)

表4-7(续)

2	1 139	239	0.605 9(0.012 2)	0.209 9(0.017 8)
3	732	145	0.485 9(0.013 2)	0.198 1(0.024 2)
4	553	123	0.377 8(0.013 4)	0.222 4(0.031 4)
5	367	54	0.322 2(0.013 4)	0.147 1(0.037 3)
6	310	60	0.259 9(0.013 0)	0.193 6(0.044 9)
7	233	38	0.217 5(0.012 6)	0.163 1(0.052 1)

4.4.3 离散时间比例风险模型的估计结果 ——参数估计

1. 脱离贫困

离散时间比例风险模型的估计结果如表4-8和表4-9所示。分别基于国家贫困线、世界银行贫困线和相对贫困线标准,表4-8显示了贫困家户脱离贫困的比例风险模型的估计结果,包括参数 β 及其标准差的估计量以及各个变量对退出率的直接影响。其中,基于国家贫困线的模型并没有通过似然比检验,可能是因为国家贫困线相对较低,所确定的贫困人口数量较少,且大部分贫困人口只经历了一期的贫困,导致参数估计失败。

按照世界银行的贫困线标准,估计结果表明,每多延续一期的贫困状态,其脱离贫困的风险率将提高大约8%,这与之前非参数估计的结果一致,即贫困的持续时间越长,其脱离贫困的概率也就越大。此外,户主年龄和户主年龄平方的估计系数也在1%的显著性水平上显著,当户主年龄大约在47岁时,家户脱离贫困的概率最大。成人的平均受教育年限也在5%的显著性水平上显著,当家庭成员的人均受教育年限增加 1 年时,其脱离贫困的概率要上升 3.3%。而家户成员在私人企业就业却显著地降低了脱离贫困的概率。

按照相对贫困线标准,与上述讨论的结果相反,每多延续一年的贫困状态,其脱离贫困的概率将减少大约 8%。这可能是因为世界银行的贫困线不随时间的变化而变化,家户的收入水平呈现上升的趋势,那些持续贫困的家户收入与贫困线的差距,即贫困缺口随时间的变化越来越小,脱离贫困的概率也就越来越大;而相对贫困线会随着总体收入水平的提高而不断提高,伴随着收入差距的不断增大,那些持续贫困的人口距离相对贫困线的距离也会增大,因此,其脱离贫困的概率随着贫困的持续而减少。此外,成年人的平均受教育年限和接受政府援助资金的对数值这两个变量也在 5% 的显著性水平上显著。

表 4-8　　离散时间比例风险模型的估计结果——脱离贫困

变量	国家贫困线		世界银行贫困线		相对贫困线	
	系数	风险率	系数	风险率	系数	风险率
持续贫困时期	0.083	1.086	0.076***	1.079***	-0.084**	0.919**
	(0.082)	(0.089)	(0.028)	(0.030)	(0.041)	(0.038)
家庭规模	-0.005	0.995	-0.035	0.965	-0.021	0.979
	(0.043)	(0.043)	(0.027)	(0.026)	(0.035)	(0.034)
户主年龄	0.004	1.004	0.049***	1.050***	0.032	1.033
	(0.028)	(0.028)	(0.018)	(0.019)	(0.021)	(0.022)
户主年龄的平方	0.000	1.000	-0.0005***	0.999***	0.000	1.000
	(0.000)	(0.000)	(0.000)	(0.000)	(0.000)	(0.000)
户主为女性	0.078	1.081	0.050	1.051	0.115	1.122
	(0.193)	(0.209)	(0.117)	(0.123)	(0.145)	(0.162)
成年人的平均受教育年限	0.035*	1.036*	0.032**	1.033**	0.033**	1.034**
	(0.021)	(0.021)	(0.013)	(0.014)	(0.017)	(0.017)
家中拥有汽车	0.166	1.180	0.096	1.100	0.142	1.153
	(0.532)	(0.628)	(0.325)	(0.358)	(0.347)	(0.400)

表4-8(续)

变量	国家贫困线		世界银行贫困线		相对贫困线	
	系数	风险率	系数	风险率	系数	风险率
家中拥有摩托车	-0.013	0.987	0.263	1.301	-0.014	0.986
	(0.282)	(0.278)	(0.161)	(0.210)	(0.191)	(0.189)
家中拥有拖拉机	-0.127	0.881	0.034	1.034	0.000	1.000
	(0.224)	(0.197)	(0.126)	(0.130)	(0.161)	(0.161)
人均耕地面积	0.014	1.014	0.013	1.013	0.005	1.005
	(0.027)	(0.027)	(0.021)	(0.021)	(0.026)	(0.026)
家中在政府、事业单位、国企工作的人数	-0.148	0.862	0.203	1.225	-0.133	0.875
	(0.377)	(0.325)	(0.150)	(0.183)	(0.299)	(0.262)
家中在集体企业工作的人数	-0.016	0.984	0.063	1.065	0.046	1.047
	(0.084)	(0.083)	(0.057)	(0.060)	(0.068)	(0.071)
家中在民营企业工作的人数	0.007	1.007	-0.087***	0.917***	-0.018	0.982
	(0.038)	(0.038)	(0.027)	(0.024)	(0.033)	(0.033)
接受政府援助资金的对数值	0.054	1.055	-0.009	0.991	0.111**	1.118**
	(0.087)	(0.091)	(0.033)	(0.033)	(0.052)	(0.058)
接受亲朋礼金的对数值	0.023	1.023	0.026	1.026	-0.055	0.946
	(0.083)	(0.085)	(0.035)	(0.036)	(0.039)	(0.037)
辽宁	0.157	1.170	0.338**	1.402**	0.198	1.219
	(0.228)	(0.267)	(0.157)	(0.220)	(0.187)	(0.228)
黑龙江	0.046	1.047	0.279	1.322	-0.191	0.826
	(0.291)	(0.305)	(0.195)	(0.258)	(0.227)	(0.187)
山东	0.103	1.109	0.043	1.043	0.207	1.230
	(0.242)	(0.268)	(0.157)	(0.164)	(0.202)	(0.248)
河南	-0.048	0.953	-0.031	0.969	-0.200	0.819
	(0.231)	(0.220)	(0.147)	(0.143)	(0.190)	(0.156)
湖北	-0.046	0.955	0.055	1.056	-0.206	0.814
	(0.247)	(0.235)	(0.150)	(0.159)	(0.196)	(0.159)
湖南	0.136	1.145	0.203	1.225	0.143	1.153
	(0.242)	(0.277)	(0.151)	(0.185)	(0.194)	(0.223)
广西	0.084	1.088	0.087	1.091	-0.167	0.846
	(0.266)	(0.289)	(0.155)	(0.170)	(0.201)	(0.170)

表4-8(续)

变量	国家贫困线		世界银行贫困线		相对贫困线	
	系数	风险率	系数	风险率	系数	风险率
贵州	-0.123	0.885	-0.059	0.943	-0.141	0.869
	(0.225)	(0.199)	(0.146)	(0.138)	(0.185)	(0.161)
常数项	-0.699	0.497	-2.033***	0.131***	-1.206***	0.299***
	(0.584)	(0.290)	(0.390)	(0.051)	(0.459)	(0.138)
LR chi2(23)	11.92		85.62		46.82	
Prob > chi2	0.971 7		0.000 0		0.002 4	
生存分析中使用的观测次数	600		2 310		1 247	

2. 陷入贫困

相应地,表4-9显示了非贫困家户陷入贫困的比例风险模型估计结果。由于大多数家户都处于非贫困状态,因而纳入生存分析的观测样本数目远高于研究脱离贫困问题时的样本数目。

根据国家贫困线的标准,家户持续非贫困的时间对其进入贫困的概率有显著的影响,其处于非贫困的状态每延续一期,陷入贫困的概率就要降低10%。家庭规模也在5%的显著性水平上对陷入贫困的概率有正向的影响;户主年龄对陷入贫困的概率的影响呈U形,当户主年龄为42岁时,其陷入贫困的概率最小。成年人的平均受教育年限在1%的显著性水平上与陷入贫困的概率呈负相关关系,家户的成人受教育年限每增加一年,其陷入贫困的概率将减少6.3%。家中拥有摩托车在1%的显著性水平上与陷入贫困的概率呈负相关关系,这可能是因为在生存分析中,所考虑的大部分观测时期位于20世纪90年代,摩托车是农村家户重要的代步工具和消费品,是否拥有摩托车在一定程度上反映了家户的经济条件,这与我们对这一时期的农村的直观感受是相似的。人均耕地面积在5%的显著性水平上与陷入贫困的概率呈负相关关系,说明更多的耕地能有效防范家户陷入贫困。家中在政府、事业单位、国企工作的人数、家中在集体企业工作的人数均与陷入贫困的概率呈显著的负相关关系,说明了在正式部门就业是家户免于贫困威胁的保证,而在私人部门就业却无法起到相似的作用。此外,接受政府援助资金的对数值以及接受亲朋礼金的对数值均在1%的显著性水平上与陷入贫困的概率呈负相关关系,说明了政府的相关保障措施和家户自身具有的社会资本的重要性。

当采用世界银行的贫困线作为判定家户贫困与否的标准时,相关参数的估计结果与采用国家贫困线的标准相似;而在采用相对贫困线时,却发现持续非贫困的时期与陷入贫困的概率呈正相关的关系,家户保持非贫困的时间每增加一期,陷入贫困的概率增加约4%。但是这一估计系数只在10%的显著性水平上显著,也就是说,其作用效果是很弱的,而其他变量与陷入贫困概率的关系大体上与之前的模型保持一致。

表4-9   离散时间比例风险模型的估计结果——陷入贫困

变量	国家贫困线		世界银行贫困线		相对贫困线	
	系数	风险率	系数	风险率	系数	风险率
持续非贫困时期	-0.105***	0.900***	-0.147***	0.863***	0.038*	1.039*
	(0.028)	(0.025)	(0.034)	(0.029)	(0.023)	(0.024)
家庭规模	0.069**	1.071**	0.123***	1.131***	0.109***	1.115***
	(0.031)	(0.033)	(0.032)	(0.036)	(0.025)	(0.028)
户主年龄	-0.084***	0.919***	-0.078***	0.925***	-0.049***	0.952***
	(0.018)	(0.017)	(0.019)	(0.017)	(0.016)	(0.015)
户主年龄的平方	0.001***	1.001***	0.001***	1.001***	0.001***	1.000***
	(0.000)	(0.000)	(0.000)	(0.000)	(0.000)	(0.000)
户主为女性	0.078	1.081	-0.119	0.888	0.179*	1.196*
	(0.134)	(0.145)	(0.135)	(0.120)	(0.105)	(0.125)

表4-9（续）

变量	国家贫困线		世界银行贫困线		相对贫困线	
	系数	风险率	系数	风险率	系数	风险率
成年人的平均受教育年限	-0.066***	0.937***	-0.104***	0.901***	-0.062***	0.940***
	(0.017)	(0.016)	(0.016)	(0.015)	(0.013)	(0.013)
家中拥有汽车	-0.157	0.854	-0.354	0.702	-0.276	0.759
	(0.321)	(0.274)	(0.306)	(0.215)	(0.240)	(0.182)
家中拥有摩托车	-0.585***	0.557***	-0.901***	0.406***	-0.279**	0.757**
	(0.166)	(0.093)	(0.171)	(0.069)	(0.109)	(0.083)
家中拥有拖拉机	-0.203	0.816	-0.112	0.894	-0.037	0.964
	(0.142)	(0.116)	(0.133)	(0.119)	(0.104)	(0.100)
人均耕地面积	-0.050**	0.951**	-0.034*	0.967*	-0.012	0.988
	(0.026)	(0.024)	(0.019)	(0.018)	(0.012)	(0.012)
家中在政府、事业单位、国企工作的人数	-0.291*	0.747*	-0.032	0.969	-0.312***	0.732***
	(0.165)	(0.123)	(0.114)	(0.111)	(0.112)	(0.082)
家中在集体企业工作的人数	-0.367***	0.693***	-0.350***	0.704***	-0.332***	0.718***
	(0.105)	(0.073)	(0.084)	(0.059)	(0.072)	(0.052)
家中在民营企业工作的人数	-0.039	0.962	0.017	1.017	-0.042	0.958
	(0.034)	(0.032)	(0.034)	(0.035)	(0.027)	(0.026)
接受政府援助资金的对数值	-0.144***	0.866***	-0.103***	0.902***	-0.115***	0.892***
	(0.038)	(0.033)	(0.028)	(0.025)	(0.026)	(0.023)
接受亲朋礼金的对数值	-0.087***	0.917***	-0.072**	0.931**	-0.022	0.978
	(0.028)	(0.026)	(0.029)	(0.027)	(0.020)	(0.019)
辽宁	0.618***	1.856***	0.428**	1.534**	0.518***	1.678***
	(0.214)	(0.398)	(0.181)	(0.278)	(0.160)	(0.269)
黑龙江	0.644***	1.904***	0.558***	1.748***	1.022***	2.778***
	(0.248)	(0.472)	(0.196)	(0.343)	(0.169)	(0.468)
山东	0.706***	2.026***	0.534***	1.706***	0.623***	1.865***
	(0.193)	(0.390)	(0.164)	(0.280)	(0.139)	(0.259)
河南	1.090***	2.974***	0.620***	1.860***	0.971***	2.642***
	(0.177)	(0.527)	(0.161)	(0.299)	(0.135)	(0.355)
湖北	0.419**	1.521**	0.341**	1.407**	0.517***	1.677***
	(0.193)	(0.293)	(0.166)	(0.233)	(0.139)	(0.233)

表4-9(续)

变量	国家贫困线		世界银行贫困线		相对贫困线	
	系数	风险率	系数	风险率	系数	风险率
湖南	0.727***	2.069***	0.754***	2.125***	0.704***	2.021***
	(0.186)	(0.385)	(0.153)	(0.325)	(0.136)	(0.275)
广西	0.766***	2.151***	0.611***	1.841***	0.551***	1.735***
	(0.186)	(0.399)	(0.158)	(0.291)	(0.138)	(0.239)
贵州	0.515***	1.674***	0.527***	1.694***	0.595***	1.812***
	(0.189)	(0.316)	(0.165)	(0.280)	(0.139)	(0.252)
常数项	−0.444	0.641	0.691	1.996	−0.847**	0.429**
	(0.455)	(0.292)	(0.434)	(0.866)	(0.377)	(0.161)
LR chi2(23)	318.53		433.29		312.96	
Prob > chi2	0.000 0		0.000 0		0.000 0	
生存分析中使用的观测次数	7 556		3 450		5 114	

4.5 总结性评论及政策含义

4.5.1 本章的主要结论

本章基于1989—2009年中国健康与营养调查发布的农村微观家户数据,通过生存分析研究了家户贫困或非贫困状态的转变,以及这种状态的持续期限对脱离贫困和陷入贫困的影响。主要结论概述如下:

第一,虽然在宏观层面上,样本总体的收入水平逐渐增加,基于绝对贫困线标准测定的贫困水平也随之下降。但是在微观层面,进入贫困与脱离贫困的过程以非对称的比例同时存在,只不过进入贫困的概率要远小于脱离贫困的概率。

第二，生存分析表明，大多数贫困只是暂时现象，大多数贫困家户在经历了短期的贫困后，能够快速脱离贫困。按照绝对贫困线的标准，随着家户贫困持续的时间越长，其脱离贫困的瞬时概率也就越大；而按照相对贫困线的标准，家户连续处于贫困状态的时间长度与其脱离贫困的瞬时概率之间大体呈负相关的关系。

第三，在长期，在初始时期非贫困的农村家户中，有相当一部分表现出对贫困的脆弱性。但是，按照绝对贫困线标准，随着家户持续非贫困的时间越长，陷入贫困的概率也就越小，面对贫困的脆弱性也会减小，非贫困状态表现出持续性。而按照相对贫困线的标准，家户持续非贫困的时间对陷入贫困的影响是相对微弱的。

从上述研究结果也得出一些启示。当我们从绝对贫困的理念来看待贫困动态时，发现贫困家户向上流动的机会较大，并且贫困的持续性在逐渐减弱，说明大部分贫困家户的贫困面貌会逐渐得以改善。但事实上，这种贫困状态的改善却无力改变相对的贫困格局，当我们按照相对贫困的理念来看待贫困动态时，却发现贫困仍具有较强的持续性，这也从另一方面反映了社会阶层的固化。

本章的分析也存在如下的缺陷：一是数据本身的缺陷。由于中国营养健康调查数据取自间隔不同的 8 个年份，而本章对贫困的动态变化和持续性的研究忽略了时间间隔不一致的情况。二是使用方法的缺陷。本章使用生存分析研究了自初始时刻开始持续保持贫困或非贫困状态的家户贫困状态发生变化的情况，因而对转变发生之后的情况不予考虑，由于大多数家户自 1989 年第一轮就参与了调查，很多家户在 2000 年以前就发生了转变，因此，在生存分析中考虑的观测样本大都来自 2000 年以前，这就导致在参数估计中未能充分反映最近一些年的情况。

4.5.2　政策含义

本章的实证分析及其结论也具有较强的政策含义。

首先,在任意两个时期间,脱离贫困与陷入贫困并存的现实要求政府在扶贫工作中,不但要继续重视贫困家户的帮扶,还要重视非贫困人口,尤其是防止刚刚脱离贫困的家户重新陷入贫困,帮助其实现进一步发展。以往我国的扶贫政策侧重于对贫困发生的"事后弥补",而当我们以动态视角看待贫困的动态转换时,也应当注意对贫困发生的"事前防范",通过各种社会保障措施的实施,减少陷入贫困家户的比例。

其次,对于不同的贫困家户要进行有针对性的扶贫援助。研究结论表明,无论按照哪一条贫困线,大多数贫困家户在经历了一期的贫困后都会脱离贫困,而只有少量的贫困家户会持续多期贫困,也就是说,大多数贫困是暂时现象。因此,在扶贫政策的制定中要将那些只会经历暂时贫困的家户和长期持续贫困的家户区分开来。对于只经历短期贫困的家户来说,有效的手段是为其提供短期援助,如信贷支持等;而对于持续贫困,有效的手段是提升其人力资本,帮助其积累财富,提升其长期发展能力。

最后,随着以绝对贫困衡量的贫困发生率的降低,政府也应把以消除绝对贫困为中心,逐渐转移到以消除相对贫困为中心。相对贫困发生率伴随着收入差距的增大而上升,在对贫困动态转换的研究中,在使用相对贫困的概念时,发现贫困具有较强的持续性。因此,政府的扶贫瞄准对象应逐渐从绝对贫困人口扩大到相对贫困人口,使社会底层居民能够从经济发展中得到更多的益处。

5 中国农村家户贫困动态的
评估和预测

  贫困动态评估包含两方面的内容:一是对家户在一定时期内的长期贫困(结构性贫困)和暂时贫困(随机性贫困)进行评估,二是评估家户的贫困脆弱性。事实上,关于这两方面问题的研究是统一的,关于贫困脆弱性的研究是对长期贫困和暂时贫困研究的进一步发展,也是对家户未来贫困状态的预测指标。因此,本章主要评估了农村家户贫困脆弱性,并对其进行了分解和分组比较。

5.1 研究背景与问题

  前文关于风险与贫困动态关系的文献回顾表明,各种外生的风险冲击是导致家户或短期或长期陷入贫困的直接原因。因此,在对贫困动态问题的研究中,家户所遭受的风险冲击,以及抵御风险冲击的能力是我们研究的又一重要问题。农村家户所遭受的冲击的来源是多方面的,例如,在农业生产中遭受恶劣天气的影响、病虫害的影响以及农产品价格的冲击,或者是家庭成员自身的健康状况突然恶化等。由于我们无法获得家户遭受各种冲击的详细数据,并且各种外生冲击对家户的影响机制本来就是复杂和不一致的,因此,在本章中,我们将各种形式的冲击统一通过以收入波动表现出来的收入风险来衡量。

家户之所以在面临收入冲击时,有很大的可能陷入贫困,是因为家户缺乏应对风险的能力。也就是说,即使家户当前处于非贫困状态,但是由于风险的存在,他们也会随时可能陷入贫困线之下。基于这样一种理解,在本章以下的研究中,我们特别关注家户特别是贫困家户遭受各种风险时表现出来的抵御冲击能力,即在各种环境下维持收入稳定增长的能力。本章用脆弱性这个概念从"硬币"的反面表征这种发展能力。贫困脆弱性(简称脆弱性)是对家户由于未知的不确定性而遭受未来贫困威胁大小的一种事先测度,其中"未来贫困的威胁"包含两个方面的含义:未来陷入贫困的可能性,未来贫困的加深(严重性)(Dercon,2005)。脆弱性不单单反映当下的贫困现实,更重要的是预测家户面对未来各种不确定性时陷入贫困的概率,它深入地、动态地、前瞻性地刻画了贫困,因此是贫困动态研究中的一个重要议题。在遭受风险冲击时,具备不同发展能力的家户会有不同的生活境遇。如果发展能力低下,贫困家户可能会雪上加霜、加剧贫困深度,一些非贫困家户也有可能跌入贫困陷阱。基于这种认识,本章试图从微观层面上考察中国农村家户的脆弱性水平,并在此基础上评估家户在未来陷入贫困的可能性。

关于贫困脆弱性的研究是对长期贫困和暂时贫困研究的进一步发展。当前处于贫困状态,并且具有较高脆弱性水平的家户,在下一年有很大的可能持续陷入贫困,因此是处于长期贫困或结构性贫困的;当前处于贫困状态,但是具有较低脆弱性水平的家户,在下一年很有可能脱离贫困,因此是处于暂时贫困或随机性贫困的。

近年来,也有一些学者对中国城乡贫困脆弱性问题进行过研究。

一些学者研究了通过贫困脆弱性预测贫困的准确性。万广华和章元（2009）利用 1989 年、1991 年和 1993 年的 CHNS 数据，将事前预测出的贫困脆弱性与事后观察到的贫困进行对比，从而考察"我们能够在多大程度上精确地预测贫困脆弱性"。对比结果发现：第一，预测的精确性依赖于脆弱线的选择，使用 50%作为脆弱线比较合适；第二，预测的精确性还与计算未来收入的期望的方法有关，用过去收入的加权平均法计算的永久性收入作为未来收入的期望能够得到更高的预测精确性；第三，预测的精确性还与贫困线的选择有关，其他条件保持不变，高贫困线下的预测精确性较高。万广华等（2011）基于中国 1995—2005 年的一组农户面板数据，比较不同方法的预测结果与后续 3 年内实际发生的贫困，以检验其准确性。结果表明，使用越长的面板数据并不一定能够得到更高的预测精度；利用自导法推断未来收入的分布，并不能显著改进预测效率；而与通过回归或简单算术平均方法获得永久性收入的方法相比，加权平均法能够明显带来更高的预测精度。

另一些学者对中国家户的贫困脆弱性进行了测量和分解。李丽和白雪梅（2010）使用 1997 年、2000 年、2004 年的中国营养健康调查（CHNS）数据，使用加权平均法对 2 638 个城乡家庭的脆弱性进行测量，并对家庭脆弱性水平相对于参照家庭的离差进行分解。杨文等（2012）在效用理论基础上对脆弱性进行了定义，并对其分解以便反映消费的不平等性和波动性。他们使用"中国家庭动态跟踪调查"（CFPS）来自北京、上海、广东的农村家户数据对中国农村家户脆弱性进行量化与分解。结果表明多数农村家户是脆弱的。而且，相对于村间不平等，村内不平等是脆弱性的主要组成部分。另外，他们也检验了增加农村家庭收入、提高劳动力平均受教育水平、医疗和社会保险、社会资本、家庭规模和家庭劳动力比例对降低脆弱性的显著性影响。杨文和裘红霞(2012)使用 CFPS 平衡面板数据,采用随机效应模型估计了对数消费模型,并据此计算了样本城市家庭的脆弱性值及五个分解部分值。结果表明,超过半数的城市家户是脆弱的,居委会内不平等性构成其脆弱性的主要组成部分;工资性收入的不同档次显著影响城市家户脆弱性,相比家庭规模,社会资本更能有效降低城市家户脆弱性。

还有一些学者也考察了贫困脆弱性的影响因素。Zhang & Wan (2006)通过群分析(Cohort Analysis)分析了中国上海农村的家户脆弱性问题,发现农民从事多样化的非农活动对脆弱性只有很小的影响,而教育则是农村家户脆弱性的重要决定因素。黎洁和邰秀军(2009)利用陕西省周至县四个山区乡镇的问卷调查数据,使用分层模型方法实证分析了农户贫困脆弱性,在此基础上分析了社区和家庭因素对农户贫困脆弱性的影响。结果表明社区因素对调查地人均消费水平和消费波动的影响途径并不相同。邰秀军等(2009)研究了家庭收入来源的增加对贫困脆弱性的影响。实证结果表明中国西部山区农户外出务工收入增加可以降低由农业收入损失所导致的贫困脆弱性,但对由疾病冲击所导致的贫困脆弱性的降低没有产生影响。

总体而言,目前对中国家户贫困脆弱性的评估主要通过利用短面板数据进行加权平均,或者使用横截面数据进行估计,来计算持久收入或消费,并在贫困脆弱性的概念框架下进行测量,以此作为预测未来家户贫困状态的依据。而本章利用 1997—2009 年 5 轮非平衡面板数据测量了中国农村家户的脆弱性水平,并对家户脆弱性做了进一步的分解,以便考虑期望收入和风险对脆弱性的贡献。这与以前研究的主要区别在于,我们不但通过测量家户贫困脆弱性作为对家户下一期陷入贫困可能性的预测,而且通过对不同时期贫困脆弱性的测度和分解,反映家户脆弱性水平及其各个组成部分的变动趋势,从而评估了中国农村的贫困动态。

5.2　理论框架与测度方法

本章将按以下思路展开研究:第一步,利用农村家户收入数据估计家户的贫困的脆弱性水平,并分身份进行比较;第二步,将脆弱性分类、分解,分别从历史与现实、未来风险两个维度探寻脆弱性的源泉及其变动趋势,预测当前所观测的贫困家户在未来的生存状态;第三步,根据所计算的脆弱性水平及其组成部分的长期变动趋势,评价在长期,贫困动态的变化。

5.2.1　脆弱性及其测度

贫困脆弱性区别于传统的贫困概念的关键在于,后者是事后认定的、着眼于当下静态的生存状况,而前者则是事先预期的、着眼于贫困生存状态的动态变化。传统的贫困概念是基于事先确定的最小门槛值(贫困线),是依据福利变量而对家户生存状态的一种事后认定。贫困脆弱性则是福利变量相对于这个门槛值的事前期望,是个人或家户在未来陷入贫困的可能性:当前未处于贫困状态的个体或家户在未来可能陷入贫困的预期,或者当前处于贫困状态的个体或家户在未来依然处于贫困状态的预期。

图 5-1 展示了 4 个家户不同的贫困状态。纵轴表示家户收入,中间的长线为事先界定的贫困线。每个柱状图代表每个家户的收入及其变动情况,其中,中线表示预测的家户未来收入的均值;带状高度表示其预测收入的变动区间,它反映了收入标准差的大小。在图 5-1 中,家户 A 和家户 B 预期的未来收入均值低于贫困线,家户 C 和家户 D 预期的未来收入均值高于贫困线。我们注意到,家户 A 和家户 C 未来收入的方差较大,而家户 B 和家户 D 未来收入方差较小。由图 5-1 可见,我们可能预测家户 A 未来将处于贫困水平,但也有可能脱离贫困;即使我们预测家户 C 未来的收入高于贫困水平,但也有一定的可能陷入贫困。我们预测家户 B 在未来必将处于贫困状态,家户 D 则一定不会陷入贫困。这样,通过动态的贫困脆弱性概念,我们可以将这几种不同的贫困状态动态地统一在一个框架下进行研究。

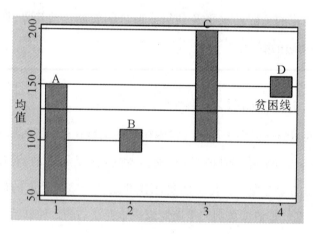

图 5-1　4 种不同的贫困状态

目前,度量贫困脆弱性主要有三种基本思路:其一,将脆弱性视为暴露于风险(Vulnerability as Uninsured Exposure to Risk, VER)(Kuro-saki, 2006),它侧重于家户对已发生风险的应对能力;其二,将脆弱性视为低期望效用(Vulnerability as Low Expected Utility, VEU)(Ligon & Schechter, 2003),即某个特定消费水平上家户所能获得的效用水平与消费期望效用之间的差额;其三,将脆弱性视为贫困预期(Vulnerability as Expected Poverty, VEP)(Christiaensen & Subbarao, 2001; Chaudhuri, 2002)。第一种思路的主要问题是,我们往往并不具备必要的实证数据来描述和记录风险;第二种思路的问题是,在实际操作中,我们往往难以确定效用函数。因此,在实际研究中,大多数研究者都遵循第三种思路。

根据第三种思路(VEP),家户 i 在 t 期的脆弱性水平的定义为,该家户在 $t+1$ 期的收入水平可能低于贫困线的概率,即:$v_{it} = Pr(y_{i,t+1} \leqslant z)$。其中,$y_{i,t+1}$ 是家户在 $t+1$ 期的收入均值,z 是事先统一确定的收入贫困线。

我们依据贫困线 z 和家户 i 在 t 期的人均收入 y_{it} 来确定家户 i 在 t 期的贫困指数 $p_{it}(z, y_{it})$。根据 *FGT* 指数,$p_{it}(z, y_{it}) = \dfrac{1}{n} \sum [\max(0, \dfrac{z-y_{it}}{z})]^{\alpha}$,当 $\alpha = 0$ 时,贫困指数为贫困发生率,刻画贫困的广度;当 $\alpha = 1$ 时,贫困指数为贫困缺口率,刻画贫困的深度;当 $\alpha = 2$ 时,贫困指数为贫困强度率,刻画贫困的强度。按照 Chaudhuri(2002), Christiaensen & Subbarao(2005)的方法,家户 i 在 t 期的脆弱性为:

$$V_{i,t} = E\left[\, p_{i,t+1}(y_{i,t+1}) \mid F(y_{i,t+1}) \,\right]$$

$$= \int \left(\max\left\{ 0, \frac{z - y_{i,t+1}}{z} \right\} \right)^{\alpha} dF(y_{i,t+1}) \qquad (\text{式 5-1})$$

$$= F(z) \int_{-\infty}^{z} \left[\frac{z - y_{i,t+1}}{z} \right]^{\alpha} \frac{f(y_{i,t+1})}{F(z)} dy_{i,t+1}$$

其中,$F(y_{i,t+1})$ 和 $f(y_{i,t+1})$ 分别是 $y_{i,t+1}$ 的累积分布函数和概率密度函数。为简便,本章中只计算 $\alpha = 0$ 时的情况,即贫困指数为贫困发生率。于是,公式 5-1 就简化为:

$$V_{i,t} = \int_{-\infty}^{z} f(y_{i,t+1}) \, dy_{i,t+1} \qquad (\text{式 5-2})$$

公式 5-2 中的未来收入由概率密度函数 $f(y_{i,t+1})$ 决定。在研究中普遍使用的方法是,假设未来收入或消费服从某种概率分布,并根据家庭的可观测特征、收入或者消费来估计这一分布中的相关参数。例如,Chaudhuri et al(2002),Christiaensen & Subbarao(2005),Zhang & Wan(2006)在研究中都采用了对数正态分布的假设。Singh & Maddala(1976)的研究表明,对数正态分布适合描述低收入群体的收入水平。由于我们主要关注低收入群体的福利状况,因此,本章也假设农村低收入群体的未来收入呈对数正态分布。于是,贫困脆弱性可表达为:

$$V_{it} = \int_{0}^{\ln z} f(\ln y_{i,t+1}) \, d\ln y_{i,t+1}$$

$$= \Pr(\ln y_{i,t+1} < \ln z) = \Phi\left(\frac{\ln z - \hat{\mu}_{\ln y_{i,t+1}}}{\hat{\sigma}_{\ln y_{i,t+1}}} \right) \qquad (\text{式 5-3})$$

其中,$\Phi(\cdot)$ 表示标准正态分布函数,$\hat{\sigma}_{\ln y_{i,t+1}}$ 是未来收入对数的标准差,$\hat{\mu}_{\ln y_{i,t+1}}$ 是未来收入对数的期望。

5.2.2　估计未来收入均值与方差的基本思路

为计算家户的贫困脆弱性,需要估计未来收入分布的均值和方差。根据 Friedman(1957,1963)的持久性收入假说,持久性收入可以作为对未来收入均值的一个较好的估计。

1. 加权平均法

有两种思路可以实现这一目标:第一种思路直接以过去 3 年收入的加权平均值作为未来收入均值的估计值,计算概率分布函数中的标准差。这一方法用家户在过去几年中可观测的收入的加权平均数来度量永久性收入,即:

$$Y_P = \sum W_t Y_t \quad t = -\infty, \cdots, 0, \qquad (式5\text{-}4)$$

这里,W_t 是权重,Y_t 是家庭在 t 时期的收入水平。对于离散数据,权重 W_t 由公式 5-5 确定:

$$W_t = \delta \frac{(1+\eta)^{-t}}{(1+\delta)^{-t}} \qquad t = -\infty, \cdots, -3, -2, -1, 0$$

$$(式5\text{-}5)$$

其中,η 是永久性收入的增长趋势,δ 是权重的参数。Friedman(1963)把 δ 作为直接估计的贴现率,而不再是在期望收入公式中对调整系数的估计。他认为 $1/\delta$ 是家户估计永久收入所参考的收入时间范围,并认为这个时间范围为 3 年,因此这里 $1/\delta = 3$。

2. 回归估计法

第二种思路将回归得到的收入或消费的均值和标准差,看作未来收入或消费的均值和标准差的无偏估计量(Chaudhuri et al,2002)。

由于本章所使用的数据为非等间隔跨期年度数据,有的间隔年份较大,不适宜使用加权平均法来计算持久收入。并且本章的目的之一是研究家户脆弱性的长期动态过程,所以我们采用后一种方法,分别计算每年收入对数的期望和方差。

根据 Bhalla(1980)估计持久收入的思路,收入与其决定因素存在一个稳定的关系,因此,家户 i 在 t 期的持久收入可以用一般的线性函数来表示,即:

$$\ln y_{it} = X_t^{'}\beta + \gamma t + u_i + e_{it} \qquad (式 5-6)$$

其中,$\ln y_{it}$ 是所观测收入的对数,X 为一系列随时间变化的家户特征向量,包括家户的人口特征、人力资本、资产等,β 是待估参数。时间趋势项 γt 随时间变化而不随个体家户的变化而变化,u_i 是不随时间变化且不可观测的家户固定效应。e_{it} 是特质性的时变扰动项,经典的计量理论认为它是由测量误差或者其他偶发的不可观测因素造成的,并且服从独立同分布。但是,Chaudhuri(2003)认为,在经济意义上,扰动项的方差可以解释为收入对数的方差,体现了收入的波动情况,并且与家户的特征有关。因此有理由相信,对于不同的家户,收入对数的方差是不同的,即存在异方差。

我们假设 $E(e_{it}|X_t,u_i)=0$, $Var(e_{it}|X_t,u_i)=\sigma_{it}^2$,并通过如下非线性的指数回归方程反映扰动项的方差与家户特征之间的关系:

$$\sigma_{it}^2 = \exp(X_t^{'}\delta) + \varepsilon_{it} \qquad (式 5-7)$$

其中,σ_{it}^2 即收入对数的方差 $\sigma_{\ln y_{it}}^2$ 为收入方程 5-6 中对扰动项估计值的平方 e_{it}^2,δ 是待估参数,ε_{it} 为扰动项。这里采用指数形式的估计方程是为了确保因变量的估计值为正数。要注意的是,处理异方差问题之后,通过对式 5-6 和式 5-7 的估计,可以直接得到收入对数的期望值:

$$\hat{\mu}_{\ln y_{i,t+1}} = E[\ln y_{it}|X_t,u_i] = X_t^{'}\hat{\beta} + \hat{\lambda}t + \hat{u}_i \qquad (式 5-8)$$

以及收入对数方差的估计值：

$$\hat{\sigma}_{\ln y_{i,t+1}} = Var[\ln y_{it} \mid X_t] = \exp(X_t^{'}\hat{\delta}) \qquad （式5-9）$$

5.2.3　脆弱性的分类与分解

1. 脆弱性的分类

与大多数研究相一致,本章将0.5的脆弱性水平确定为高脆弱性的门槛。也就是说,如果家户未来陷入贫困的概率超过50%,我们就认为这个家户是高脆弱的。如果把家户当前是否贫困与未来是否贫困的高脆弱结合起来,可以将家户分为四类:①高脆弱的贫困家户,这类家户不仅现在是贫困的,而且未来持续贫困的概率相当高,因而处于长期贫困或结构性贫困的状态;②高脆弱的非贫困家户,这类家户虽然当前暂时处于贫困线之上,但未来极有可能陷入贫困;③低脆弱的贫困家户,这类家户虽然暂时处于贫困状态,但未来很可能脱离贫困;④低脆弱的非贫困家户,这类家户当前不贫困,未来也很可能会远离贫困。根据上述分类,我们可以进一步讨论当前所观测到的贫困家户在未来的生存状态。

2. 脆弱性的分解

从贫困脆弱性的概念和测度可知,家户收入在未来低于贫困线而陷入贫困的可能性,来自两个方面:一是家户收入均值过低,二是收入波动幅度过大。前者由家户的贫困生活的历史与现实决定,展现了贫困状态的高度持续性、一种贫困恶性循环;后者则是由未来风险冲击造成,展现了贫困生活的波动性。我们把前者称为贫困(历史与现实)导致的脆弱性,把后者称为风险导致的脆弱性。区分这两类脆弱性有助于在反贫困行动中制定不同的、有针对性的减贫政策。

基于以上所估计的家户收入对数的期望和方差,Chaudhuri(2003)提出了一个可行的思路对脆弱性进行分解。贫困本身导致的脆弱性即是当家户没有面临风险时的脆弱性水平;用总的脆弱性水平剔除贫困本身导致的脆弱性,就是风险导致的脆弱性,即:

$$V_{it,\hat{\sigma}} = V_{it} - V(\hat{\mu}_{it},0) \qquad (\text{式}5\text{-}10)$$

其中,$V_{it,\hat{\sigma}}$为风险导致的脆弱性,$V(\hat{\mu}_{it},0)$为无风险的、由贫困本身导致的脆弱性。

3. 脆弱性离差的分解

李丽和白雪梅(2010)借鉴了贫困研究中 Shapley 分解的思想,给出了脆弱性分解的第二种方法。Shapley 分解将两个时期间的贫困变动分解为增长效应和分配效应,以便研究贫困变动与经济增长、收入差距变化之间的关系(罗楚亮,2012),而李丽和白雪梅(2010)旨在对家户脆弱性水平与整个样本平均脆弱性水平的差异进行分解。其具体做法是选择一个参照家户,其期望收入相当于所预测平均收入的中位数 μ_m^5[①],方差也相当于所预测收入方差的中位数 σ_m^2。继而根据期望收入中位数和估计收入方差中位数所计算的脆弱性水平也接近平均脆弱性水平 V_m。

家户的贫困脆弱性由以下三个因素决定,即事先确定的贫困线水平 z、期望收入 $\hat{\mu}$、估计的收入方差 $\hat{\sigma}^2$,因此,家户 i 在 t 时刻的贫困脆弱性可以写为 $V(z,\hat{\mu}_{it},\hat{\sigma}_{it})$。由于本书所采用的贫困线标准对于所有家户是统一的,因此,又可以简写为 $V(\hat{\mu}_{it},\hat{\sigma}_{it})$。此时,在 t 时刻家户 i 的脆弱性水平与参照家户脆弱性水平的离差为:

---

① 这里使用中位数而非平均数是为了避免极端值的影响。

$$V_{it} - V_{mt} = V(\hat{\mu}_{it}, \hat{\sigma}_{it}^2) - V(\mu_{mt}, \sigma_{mt}^2) \qquad （式5-11）$$

为了分解出期望收入差异和风险差异对总离差的影响,需要计算一个"假想的"脆弱性水平,即以实际家户收入估计值为期望收入,以参照家户收入方差为方差的脆弱性水平 $V_{imt} = V(\hat{\mu}_{it}, \sigma_{mt}^2)$,此时的总离差为:

$$V_{it} - V_{mt} = (V_{imt} - V_{mt}) + (V_{it} - V_{imt}) \qquad （式5-12）$$

或者以参照家户收入估计值为期望收入,以实际家户估计收入方差为方差的脆弱性水平 $V_{mit} = V(\mu_{mt}, \hat{\sigma}_{it}^2)$,则总离差为:

$$V_{it} - V_{mt} = (V_{it} - V_{mit}) + (V_{mit} - V_{mt}) \qquad （式5-13）$$

在上述两种分解法中,等式右边第一项是期望收入差异对总离差的影响,第二项是风险差异(估计方差差异)对总离差的影响。但是,因为选择的"假想的"参照家户不同,即对脆弱性离差分解的先后顺序不同,所计算的结果也有所差异,因此,一个折中的办法是考虑两种分解方法的平均水平,即:

$$V_{it} - V_{mt} = \underbrace{0.5\big[(V_{it} - V_{mit}) + (V_{imt} - V_{mt})\big]}_{\text{期望收入差异的影响}}$$
$$+ \underbrace{0.5\big[(V_{mit} - V_{mt}) + (V_{it} - V_{imt})\big]}_{\text{风险差异的影响}} \qquad （式5-14）$$

以上等式右边第一项仍然是期望收入差异的影响,第二项仍然是风险差异的影响。

5.3 实证分析

5.3.1 数据

与前文第四章所使用数据来源相同,本章也使用中国营养健康调

111

查(CHNS)数据库。CHNS 数据库是由美国北卡罗来纳大学教堂山分校(The University of North Carolina at Chapel Hill)卡罗来纳人口中心和中国疾病预防控制营养和食品安全所实施并提供的数据,所调查的省份包括辽宁、黑龙江、江苏、山东、河南、湖北、湖南、广西和贵州。为了呈现出农村家户脆弱性水平的长期变化趋势,本章选取了 1997 年、2000 年、2004 年、2006 年、2009 年的观测样本,剔除了没有参加 1997 年调查的辽宁省样本以及一些缺失主要变量的观测后,构成了一个包含 3 042 户农村居民 5 个年度 11 941 次观测的非平衡面板数据,其中每个家户在 5 个年度中被调查的平均次数是 3.93 次。

根据数据的可获得性以及以往的研究经验,我们用一系列决定家户持久收入的因素作为解释变量来估计家户的持久收入。这些变量包括家户户主的信息(户主年龄、户主年龄的平方、户主性别),人口结构(家户规模、18 岁以下的人口比例、60 岁以上的人口比例),人力资本特征(家户中不健康的人口数、成年人的平均受教育年限/户主接受基础教育的年限、户主接受过高等教育),资产拥有情况(人均耕地面积、人均住房面积、家中拥有汽车、家中拥有摩托车、家中拥有拖拉机、家中拥有彩电、家中拥有冰箱、家中拥有洗衣机、家中拥有通信工具),社会资本(接受政府援助资金的对数值、接受亲朋礼金的对数值),家户成员的就业特征(家中在政府、国有企业、事业单位工作的人数、家中在集体企业工作的人数、家中在私人企业工作的人数)等。

本章所采用的贫困线标准(人均 1.25 美元/天),是世界银行根据 2005 年的价格水平来制定的。为便于纵向比较,这里将所有的收入变量均根据 CPI 调整到 2009 年的价格水平。

5.3.2 持久收入及其方差的决定因素

这里,我们选取固定效应模型估计持久收入,即前文公式 5-6:

$$\ln y_{it} = X_{it}'\beta + \gamma t + u_i + e_{it} \qquad (式 5\text{-}6)$$

之所以使用固定效应模型,是因为很多未观测到的、不随时间变化的因素(如天赋、能力、所处地域),由 u_i 表示,也能够影响家户的收入,并且这些因素与家户的特征变量相关,即 $\mathrm{cov}(x_{it}, u_i) \neq 0$。另外,豪斯曼检验也支持选用固定效应模型的假设。表 5-1 中的列(1)和列(2)显示了利用中国农村家户面板数据分别对公式 5-6 的估计系数和 z 统计量。

回归结果表明,对于农村家户来说,成人的平均受教育年限,人均耕地面积,家中拥有汽车,家中拥有拖拉机,接受政府援助资金的对数值,接受亲朋礼金的对数值,家中在政府、事业单位、国企工作的人数,家中在集体企业工作的人数,家中在民营企业工作的人数等变量,均在 1% 的显著性水平上与家户收入的对数值有正向相关关系;家中拥有通信工具和家中拥有摩托车则分别在 10% 和 5% 的显著性水平上与家户收入的对数值有较弱的正向相关关系。而户主性别为女性、家户规模和 60 岁以上的人口比例在 1% 的显著性水平上与家户的持久收入的对数值呈负相关关系。另外,反映家户生命周期的户主年龄变量与家户收入对数值呈现显著的倒 U 形关系,即在其他条件不变的情况下,随着户主年龄的增加,家户的收入水平开始上升,到 56 岁左右时,家户的收入最大,之后家户的收入水平开始随着户主年龄的增加而减少。

表 5-1 中的列(3)和列(4)分别显示了公式 5-7 中农村家户收入

方差的估计系数和 z 统计量。这里采用了非线性的指数估计,使所估计的方差为正数。同时,在估计中也控制了地域效应和时间效应。

表 5-1 对农村家户持久收入及其方差的估计

	(1)	(2)	(3)	(4)
	收入对数	z 统计量	收入对数方差	z 统计量
户主年龄	0.046 ***	(4.41)	0.011	(0.35)
户主年龄的平方	-0.000 4 ***	(-4.35)	-0.000 2	(-0.56)
户主性别(女性=1,男性=0)	-0.127 ***	(-3.04)	0.224	(1.56)
家户规模	-0.148 ***	(-12.55)	-0.002	(-0.04)
18 岁以下的人口比例	-0.002	(-0.02)	-0.311	(-0.89)
60 岁以上的人口比例	-0.156 **	(-2.52)	-0.340	(-1.34)
家户中不健康的人口数	0.021	(0.41)	0.047	(0.26)
成年人的平均受教育年限	0.028 ***	(3.83)	-0.027	(-1.46)
人均耕地面积	0.047 ***	(10.75)	0.019 ***	(2.82)
家中拥有汽车	0.275 ***	(4.06)	-0.288 **	(-2.11)
家中拥有摩托车	0.085 3 **	(2.68)	-0.091	(-0.68)
家中拥有拖拉机	0.256 ***	(5.19)	-0.668 ***	(-3.43)
家中拥有彩电	0.040	(1.31)	-0.072	(-0.45)
家中拥有冰箱	0.017	(0.49)	0.091	(0.53)
家中拥有洗衣机	0.021	(0.64)	0.159	(1.11)
家中拥有通信工具	0.056 4 *	(1.74)	-0.067	(-0.49)
接受政府援助资金的对数值	0.037 ***	(4.87)	-0.077 ***	(-2.77)
接受亲朋礼金的对数值	0.033 ***	(6.73)	-0.069 ***	(-3.27)
家中在政府、事业单位、国企工作的人数	0.239 ***	(7.04)	-0.676 ***	(-4.39)
家中在集体企业工作的人数	0.259 ***	(7.57)	-0.575 ***	(-3.78)
家中在民营企业工作的人数	0.267 ***	(14.75)	-0.245 ***	(-3.47)

114

表5-1(续)

	（1）	（2）	（3）	（4）
	收入对数	z统计量	收入对数方差	z统计量
对照组:江苏				
黑龙江			1.039 ***	(5.17)
山东			0.726 ***	(3.65)
河南			0.669 ***	(3.49)
湖北			0.468 **	(2.27)
湖南			0.660 ***	(3.39)
广西			0.415 **	(1.98)
贵州			0.577 ***	(3.01)
2000 年	0.046	(1.43)	−0.212	(−1.28)
2004 年	0.219 ***	(5.21)	−0.241	(−1.21)
2006 年	0.266 ***	(5.90)	−0.017	(−0.09)
2009 年	0.647 ***	(12.58)	0.133	(0.54)
常数项	6.693 ***	(23.29)	−0.360	(−0.45)
观测量	11 941	11 941		

注:括号中报告了 z 统计量，"***""**""*"分别表示在1%、5%、10%的显著性水平上显著。

对于中国农村家户来说，家中拥有拖拉机，接受政府援助资金的对数值，接受亲朋礼金的对数值，家中在政府、事业单位、国企工作的人数，家中在集体企业工作的人数，家中在民营企业工作的人数等家户特征，均在1%的显著性水平上与家户收入对数的方差呈负相关关系，家中拥有汽车在5%的显著性水平上与家户收入对数的方差呈负相关关系。也就是说，家户的这些特征有效地降低了收入的波动。而令人惊奇的是，人均耕地面积却在1%的显著性水平上与收入对数的方差呈正相关关系,这说明以农业生产为主的家户,其面临的收入风险更大。

我们进一步对上述回归结果进行解释:第一,在中国农村,相对于男性户主的家户而言,女性户主家户的持久收入显著减少大约12.7%。这说明,在中国农村,作为主要劳动力的成年男性依然是家庭的支柱,而那些由于种种原因使得女性成为户主的家户,生活更为艰辛,这也间接说明了中国农村家户的收入主要靠体力劳动获得。第二,不同的人口结构对持久收入产生重要影响。一方面,家户中18岁以下人口比例的增加对持久收入没有影响,这可能是因为农村青少年完成义务教育阶段后,大部分进入劳动力队伍,给家户收入带来的边际贡献基本与家户平均收入持平。另一方面,农村家户60岁以上人口比例的增加使持久收入显著下降,这表明中国农村老年人的收入或获得的补贴有限,需要依靠子女赡养,而随着中国老龄化程度的加深,老年人口的贫困问题将越发突出。第三,增加农民受教育年限对提高持久收入水平有显著的作用。农民受教育水平的提高,不但有助于在非农部门找到更高薪水的工作,也有助于在生产活动中,更快地接受高回报的新生产技术。第四,自改革开放以来,大量农村人口涌入城市(非农部门)就业,但农民对耕地依然有严重的依赖性,但是,相对于其他收入来讲,农业生产面临的风险也更大。第五,接受亲朋礼金的对数值这一变量反映了家户的社会资本水平,它的增加可以显著提高家户的持久收入并减小收入的方差。第六,无论是在公共部门还是私人部门,非农就业对增加农村家户的持久收入、减少收入方差都有显著的影响。

5.3.3 脆弱性评估

1. 总体评估

表 5-2 是根据世界银行人均 1.25 美元/天的低收入线,计算的各年度农村家户的脆弱性水平、高脆弱家户数目以及高脆弱率。根据购买力平价,1.25 美元/天的贫困线标准大致相当于 2009 年的 1 788 元/年。本章选取 0.5 作为我们区别家户脆弱性高低与否的标准,高脆弱率为高脆弱家户的数目占样本家户数目的百分比。

结果表明,对于中国农村的样本,随着时间的推进,无论是脆弱性水平均值,还是高脆弱率,总体上呈现出下降的趋势。具体来说,预测的平均脆弱性水平由 1997 年的 0.366 5 下降到 2009 年的 0.158 6;而预测的高脆弱率也由 1997 年的 32% 下降到 2009 年的 7.55%。

表 5-2　农村家户贫困脆弱性水平——世界银行贫困线标准

	1997 年	2000 年	2004 年	2006 年	2009 年
样本数目	2 416	2 382	2 348	2 451	2 344
贫困脆弱性均值	0.366 5	0.303 4	0.240 1	0.240 4	0.158 6
高脆弱家户数目	773	567	379	387	177
高脆弱率	32.00%	23.80%	16.14%	15.79%	7.55%

图 5-2 也显示了各年度贫困脆弱性分布的直方图,从中可以看出,脆弱性水平在接近 0 处的分布要远高于在其他水平的分布。因为本章所使用数据的样本家户来自社会总体,大部分家户的收入水平高于贫困线,因此必将有大量家户的脆弱性水平趋向于 0。也就是说,这些家户不会受到贫困的侵袭。另外,随着时间的推进,脆弱性水平的

降低,脆弱性水平的分布也朝向较低的脆弱性水平集中。

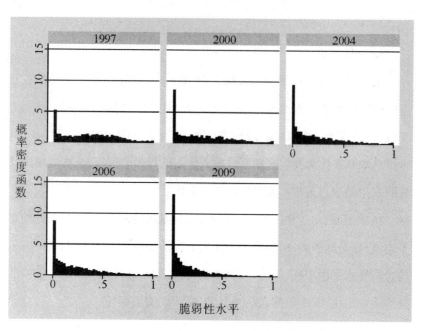

图5-2 各年度贫困脆弱性的分布

2. 分省评估

我们进一步统计了分省样本各年度的脆弱性水平的变动情况。表5-3反映了各省样本的平均脆弱性水平,其变动趋势如图5-3所示。结果表明,各省样本的脆弱性水平均呈逐渐减少的趋势,但各省脆弱性水平的格局并没有发生改变。例如,在1996年脆弱性水平最低的江苏和黑龙江,在以后的各年,其脆弱性水平依然是最低的,而河南和贵州,在所有的年度内,脆弱性水平均是最高的。

表 5-3 　　　　　　　　各省样本的脆弱性水平

	1997 年	2000 年	2004 年	2006 年	2009 年
黑龙江	0.375 7	0.334 4	0.259 7	0.242 8	0.165 6
江苏	0.172 9	0.098 3	0.066 9	0.068 2	0.038 2
山东	0.322 4	0.268 5	0.210 0	0.209 7	0.105 7
河南	0.492 6	0.438 8	0.351 4	0.325 7	0.214 8
湖北	0.401 8	0.344 8	0.265 7	0.260 2	0.162 2
湖南	0.366 8	0.309 0	0.229 4	0.256 1	0.194 7
广西	0.341 0	0.276 9	0.226 8	0.242 1	0.162 4
贵州	0.445 1	0.364 2	0.314 4	0.313 0	0.214 6

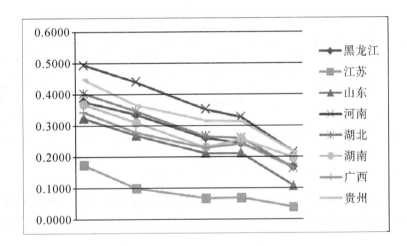

图 5-3　各省样本脆弱性水平及其变动趋势

3. 按户主年龄分组评估

根据户主年龄分组统计的脆弱性水平如表 5-4 所示和图 5-4 所示,这里将 45 岁以下的户主归为青年,45~60 岁的户主归为中年,60 岁以上的户主归为老年。从结果来看,这三个组别的脆弱性水平随着时间的推移均呈现下降的趋势,但是在每一时期,户主为老年人的家户脆弱性水平最高。在 1997 年和 2000 年,户主为中年的家户脆弱性水平要低于户主为青年的家户;而从 2004 年开始,户主为青年的家户脆弱性水平要低于户主为中年的家户。这表明,在前两个调查年度,户主年龄对家户脆弱性的影响遵循 U 形的关系。自 2004 年度的调查开始,随着越来越多的农村年轻人进入城市工作,在非农部门获得收入,其脆弱性较快地下降。而中年人和老年人在劳动力市场中的竞争力要弱于青年人,而且很多外出务工人员在上了年纪后,无力在城市定居,只能回到农村,生活水准也较之前有了大幅下降,因而这部分人将是未来农村扶贫工作的主要瞄准对象。

表 5-4　　　　　　　　按户主年龄分组的脆弱性水平

	1997 年	2000 年	2004 年	2006 年	2009 年
户主:青年	0.369 2	0.303 7	0.221 1	0.217 4	0.141 0
户主:中年	0.330 8	0.266 5	0.227 4	0.226 1	0.147 6
户主:老年	0.426 2	0.370 7	0.280 4	0.279 4	0.180 7

4. 按户主受教育程度分组评估

表 5-5 和图 5-5 显示了按户主受教育程度分组计算的家户平均脆弱性水平。一个显著的特征是尽管各组的脆弱性水平随时间大体呈现下降的趋势,但是在每一个调查年度内,不同组别的脆弱性水平排序是不变的。按照户主的受教育程度由低到高,家户的脆弱性水平也逐渐由高到低,这表明受教育程度对家户贫困脆弱性水平的影响是显著的。因此,进一步发展教育事业,提高农村人口的教育水平,是减少未来农村家户贫困的最有效手段。

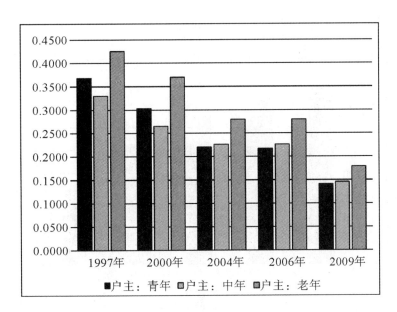

图 5-4　按户主年龄分组的脆弱性水平

表 5-5　　　　　　按户主受教育程度分组的脆弱性水平

	1997 年	2000 年	2004 年	2006 年	2009 年
户主:文盲	0.455 9	0.402 4	0.327 4	0.335 5	0.227 4
户主:小学	0.386 4	0.323 8	0.262 8	0.264 7	0.165 0
户主:初中	0.326 9	0.277 3	0.227 4	0.214 5	0.134 8
户主:高中及以上	0.239 7	0.182 6	0.126 4	0.114 4	0.071 6

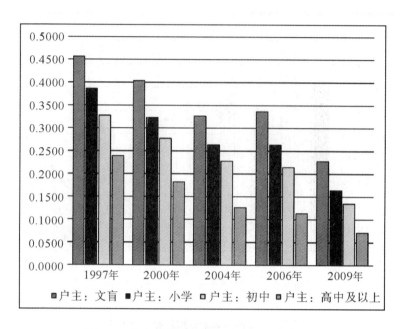

图 5-5 按户主受教育程度分组的脆弱性水平

5.3.4 脆弱性的分类

表 5-6 显示了家户脆弱性的四种类型分别在各年占总家户数目的百分比。从长期来看,高脆弱的贫困家户百分比、高脆弱的非贫困家户百分比两个指标呈现下降的趋势,分别从 1997 年的 19.74% 和 12.25% 下降到 2009 年的 4.27% 和 3.28%,这表现了中国农村的慢性贫困状态已经逐渐得到缓解。而低脆弱的贫困家户百分比大致维持在 10% 的水平,没有一个明显的下降趋势。从各年份横向比较来看,2006 年以前(包括 2006 年),贫困家户中高脆弱的家户所占比例要远高于低脆弱家户所占的比例。但 2009 年,后者所占的比例(6.53%)已经超过前者(4.27%),这也说明在中国的扶贫工作应该由对慢性贫

困的关注逐渐转向对暂时贫困的关注,通过完善社会保障网络来保护家户不要因遭受风险而暂时陷入贫困。

表 5-6　　　　　　　　　农村家户脆弱性的分类

	1996 年	1999 年	2003 年	2005 年	2008 年
高脆弱的贫困家户百分比	19.74%	14.65%	10.26%	9.55%	4.27%
高脆弱的非贫困家户百分比	12.25%	9.15%	5.88%	6.24%	3.28%
低脆弱的贫困家户百分比	8.49%	11.75%	9.88%	9.83%	6.53%
低脆弱的非贫困家户百分比	59.52%	64.44%	73.98%	74.38%	85.92%

5.3.5　风险导致的脆弱性和贫困导致的脆弱性

1. 脆弱性的分解

低收入以及收入的变动是家户脆弱性的两个来源,因此家户脆弱性也可以分解为贫困导致的脆弱性和风险导致的脆弱性。表 5-7 和图 5-6 显示了农村家户脆弱性的分解情况。结果表明,在各个时期,贫困导致的脆弱性一直是中国农村家户脆弱性的主要来源,例如,在 1997 年,贫困导致的脆弱性贡献了总脆弱性水平的 87.30%,在 2004 年,为 67.22%,而到 2009 年,这一数值只有 47.60%。同时也可以看出,随着农村家户收入水平的提高,贫困对脆弱性的贡献率呈逐年下降的趋势。这个结果也提醒了中国扶贫政策的制定者,在未来的反贫困行动中,要由以增加农户收入为主的政策向维持农户收入稳定的政策过渡。

表 5-7 农村家户脆弱性的分解

	1997 年	2000 年	2004 年	2006 年	2009 年
贫困导致的脆弱性	0.320 0	0.238 0	0.161 4	0.157 9	0.075 5
风险导致的脆弱性	0.046 6	0.065 4	0.078 7	0.082 5	0.083 1
贫困对脆弱性的贡献率(%)	87.30	78.45	67.22	65.68	47.60
风险对脆弱性的贡献率(%)	12.70	21.55	32.78	34.32	52.40

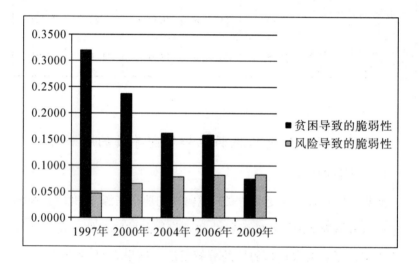

图 5-6 农村家户脆弱性的分解

2. 脆弱性离差的分解

根据公式 5-14,任意家户的脆弱性水平相对于参照家户脆弱性水平的离差可以分解为期望收入差异的影响和风险差异的影响。这里分别统计了各年脆弱性水平高于参照家户的分解情况(总离差为正),以及脆弱性水平低于参照家户的分解情况(总离差为负)。

表 5-8 显示了当家户的脆弱性水平高于参照家户时,家户脆弱性

总离差的分解情况,而期望收入差异和风险差异对总离差的贡献率如图 5-7 所示。结果表明,尽管期望收入的差异贡献了总离差的绝大部分,但是风险差异对总离差的贡献逐渐增长,这同样说明了家户遭受风险差异对总离差贡献的上升。这同样警示政策制定者,在未来政策的制定中要通过各种保险机制来降低收入风险,从而确保农村家户收入的平稳增长。

表 5-8　农村家户脆弱性离差的分解(脆弱性高于参照家户)

	1997 年	2000 年	2004 年	2006 年	2009 年
总离差	0.237 8	0.281 6	0.273 7	0.265 7	0.216 3
期望收入差异的影响	0.234 5	0.267 8	0.254 3	0.245 8	0.190 1
风险差异的影响	0.003 2	0.013 8	0.019 4	0.019 9	0.026 2

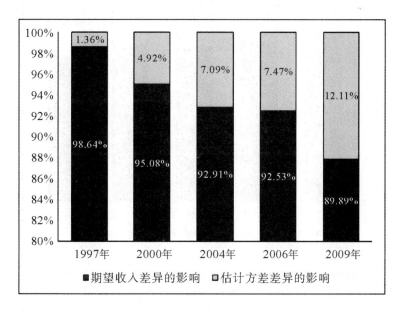

图 5-7　农村家户脆弱性离差的分解(脆弱性高于参照家户)

表 5-9 表明当家户的脆弱性水平低于参照家户时,家户脆弱性总离差的分解情况。图 5-8 显示了期望收入差异和风险差异对总离差的贡献率。与上面的结果相似,期望收入的差异贡献了总离差的绝大部分,但是风险差异对总离差的贡献逐渐增长。

表 5-9　农村家户脆弱性离差的分解(脆弱性低于参照家户)

	1997 年	2000 年	2004 年	2006 年	2009 年
总离差	-0.207 4	-0.168 0	-0.107 5	-0.106 2	-0.051 2
期望收入差异的影响	-0.166 3	-0.127 5	-0.079 0	-0.078 6	-0.035 4
估计方差差异的影响	-0.041 0	-0.040 5	-0.028 5	-0.027 6	-0.015 8

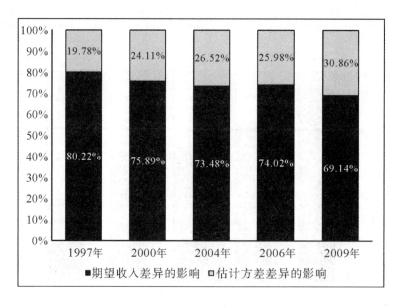

图 5-8　农村家户脆弱性离差的分解(脆弱性低于参照家户)

5.4   小结

本章计算了农村地区家户 1997 年至 2009 年 5 个年度的脆弱性水平,并将其进行分类和分解,继而探寻了贫困和风险对脆弱性的贡献。本章的实证分析结果在一定程度上反映了贫困动态的变化趋势。

第一,根据世界银行的贫困线标准,中国农村的脆弱性水平和高脆弱家庭的比例较高。也就是说,我们可以预测,在调查年份的后一年,陷入贫困的农村家户将会很多。在我们同时所做的一项与俄罗斯农村家户脆弱性的比较研究中,我们也发现,中国的脆弱性水平要远高于俄罗斯。但是,中国农村的脆弱性水平总体呈现下降的趋势,这主要得益于中国经济的长期稳定增长带来农村居民收入水平的持续提高。因而,宏观经济的持续增长依然是中国农村在未来取得减贫成就的重要支持。

第二,高脆弱的非贫困家户百分比随时间减小的速率快于低脆弱的贫困家户百分比随时间减少的速率,而且前者所占的比例也在 2000 年后开始低于后者。前者反映了当前非贫困家户在未来有较高的概率陷入贫困,而后者反映了当前处于贫困状态的家户在未来有较高的概率脱离贫困。这也说明,2000 年以后,预测的家户脱离贫困的速度开始快于陷入的速度,而在这之前,这两者的比例是大体相当的。

第三,相对于风险的影响,贫困导致的脆弱性一直是中国农村家户脆弱性的主要来源。这一事实说明中国农村贫穷落后的过去与现实,严重地约束了贫困家户抵御未来风险的能力。改革开放以来,中国渐进式、过渡式的改革平稳地提高了农村居民收入的方式,保证了农户贫困脆弱性水平逐渐降低。值得注意的是,近年来,在中国农户贫困脆弱性中,风险导致的脆弱性开始呈现上升趋势,这是未来中国农村经济发展与扶贫政策需要面对和解决的一个新难题。同时,从对脆弱性离差的分解来看,风险对总离差的贡献也在逐渐上升。这一研究结果具有重要的政策导向意义。

第四,中国农村脆弱性水平的区域分布是不平衡的,并且这种不平衡并没有随着时间的推移而改变。这说明在中国的经济发展过程中,农村经济发展不平衡的格局并没有发生较大的改变。区域经济发展的不平衡格局,一般可以归因于不平衡发展的区域经济政策、特殊的经济区位,以及由此类诸多因素形成的经济结构性特征。但是,在市场经济取向的经济转型过程中,我们仍然没有看到这种区域不平衡格局有松动的迹象,只能说明经济结构性的坚硬、市场机制力量的弱小,还有区域经济政策的某些偏向。

第五,按照户主年龄分组统计的脆弱性水平变化趋势表明,在最近的三个调查年度,相对于户主为青年人的家户,户主为中年人和老年人的家户具有更高的脆弱性,这与前两个调查年度,户主年龄与脆弱性水平呈 U 形的关系不同。这可能与近些年大量农村青壮年劳动力外出务工,在非农部门就业有关。而当这些外出务工人员到达一定年龄后,无力在城市定居,只能返回农村,生活水准也继而下降。因此,农村中老年人也是下一阶段扶贫的主要对象。按照户主受教育程度分组的脆弱性统计表明,在各个时期,随着户主受教育程度的增加,脆弱性水平依次下降,因此,教育是贫困家户在长期实现脱贫的有力保障。

6 中国农村贫困动态的
一个主观解释

　　贫困动态产生的原因是多方面的,在第四章中,我们通过生存分析方法,从家户的生命历程出发,对贫困动态转换趋势做出了解释,同时也检验了家户其他异质性特征,如教育、就业、土地等因素对贫困动态转换的影响。而在第五章对家户贫困脆弱性的测度中,我们也同时研究了收入波动,即收入风险对家户陷入贫困的贡献。而对于以传统农业生产为主的穷人来说,在很大程度上,贫困状态发生转变取决于贫困人口自身的经济决策和行为。当贫困人口看到脱贫的希望时,会从事高风险、高收益的经济活动,努力争取脱贫;而当其摆脱贫困陷阱后,又采用相对保守的策略,避免自己再次陷入贫困。基于这一理解,本章以贵州从事传统农业、牧业生产的贫困农户为研究对象,研究农户在各项生产经营活动中,生产经营费用的"支出结构升级"和"支出的多元化程度"这两个指标对家户贫困动态变化的影响,试图通过以上两个指标反映家户对未来发展的主观意愿,继而从家户的主观因素方面,为贫困动态变化的原因找到一个合理的解释。

6.1　研究背景

　　在深入农村贫困地区的调研活动中,经常可以听到当地扶贫部门的工作人员发表这样的感叹:当政府向贫困农户发放扶贫款或者种羊、种猪等生产资料时,很多贫困农户并没有把这些资金或生产资料用于发展生产,而是将其用于消费,使得政府的扶贫措施并没有发挥原本应当起到的作用。对于这样一种令人深感遗憾的结果,一部分人将其归因于贫困人口自身的懒惰、短视和缺乏远见。在另一幅场景中,我们看到的是,在广大贫困的农村地区,当一年的农业生产即将开始的时候,有的穷人会考虑省下一些钱,买几头种猪,或者做些生意,到年底可能就会有一笔可观的回报,改变自己的贫苦面貌。

在本章中,我们希望从贫困人口自身的角度出发,研究当脱离贫困的机遇和陷入贫困的风险并存时,贫困人口生产投入行为决策的变化,以及这种行为决策所导致的贫困动态结果。对这一问题的研究也试图为上面所描述的贫困人口的短视行为寻找客观的理论解释,同时也为贫困人口退出贫困的动力寻找理论源泉。

纵观解释贫困动态原因的文献,大多数研究都从贫困动态的客观原因考虑,研究各种被动的风险冲击对家户频繁陷入贫困和脱离贫困的影响。因而,在对贫困动态的研究中,风险一直扮演着重要的角色。风险对贫困的影响长期受到众多学者的关注。Ravallion(1988)最早研究了风险福利变化对期望贫困的影响,他提出问题:在什么条件下,收入或消费风险的增加会增加贫困? 其研究结论为:第一,如果个人的福利函数是拟凹的,风险的增加会提高贫困发生率的期望;第二,如果福利函数对于风险变量是凹函数,增加风险会增加以 Atkinson 指数测量的贫困。风险对贫困的影响也可能会持续很多年,Dercon(2004)对埃塞俄比亚农户的研究表明,一次降雨冲击不仅强烈地影响了家户当期的食品消费,而且这种影响还持续了多年:4~5 年前降雨量下降

10%会使当前的消费增长率下降1%。Newhouse(2005)对印度尼西亚农户的研究也表明,30%的收入冲击将会持续到4年以后。风险也会导致贫困陷阱的产生。

还有一些文献基于家户自身所具有的特征,对贫困动态进行了解释。例如,姚毅(2012)认为经济增长、人力资本以及家庭区位特征、家庭人口特征和劳动就业状况等变量是城乡贫困跨期变动的重要因素,但其影响大小和作用机制在城乡之间存在较大的差异。罗曼等(2012)的研究表明转移劳动力人数对脱离贫困的影响最大,其次就是劳动力平均受教育年限。而事实上,在短期内,贫困人口的人力资本、社会资本以及其他特征和所处的外界环境相对保持稳定。

贫困农户最突出的特征即是财富水平不足,这直接导致在下一年的农业生产中,缺乏资金购买生产资料,不能满足生产经营活动的必要支出,继而在下一年继续处于贫困状态。因此,缺乏农业生产经营活动的规模投入是农户处于贫困状态的一个重要原因。这里的家庭经营费用支出是指农村住户以家庭为基本生产经营单位从事生产经营活动而消费的商品和服务、自产自用产品。[①] 基于此,一些研究从正式和非正式制度的角度研究贫困农户在短时期内获得资金,并投入即将进行的农业经营活动中,从而改变家户的贫困状态。这些研究包括通过金融部门的正式信贷(如农村小额信贷)(汪三贵等,2001;黄祖辉等,2009)和非正式的民间借贷(冯旭芳,2007)等。

如上所述,在关于贫困农户农业投入行为的研究中,大多数学者

[①] 来自国家统计局《农村住户调查方案》:"农村居民家庭收入与支出"包括:第一产业支出(按行业划分为农业、林业、牧业、渔业)、第二产业支出(按行业划分为工业、建筑业)、第三产业支出(交通运输业、邮电业、批发和零售贸易、餐饮业、社会服务业、文教卫生业和其他家庭经营)。

关注生产资料投入的不足,却忽略了对生产经营活动中经营费用支出结构的研究,即在生产费用支出构成中,各个子项目支出水平的相对变化。而我们认为,农户经营费用支出的结构变化,反映了农户的农业投入行为,并最终导致其福利水平的变化,继而对农户的贫困状态产生了影响,这也是我们在这一章将要关注的焦点。

在我们看来,贫困农户生产经营费用支出的结构变化体现了农户改变自己生存状况的意愿,以及对风险的承担能力。在我们的研究样本中,大多数农户还以传统农业生产为主(种植业),与此同时,农户在牧业(养殖业)中的投入也逐渐增加,并且一些农户也开始涉足第三产业(主要以商品经营为主)。这里,我们假设这三个行业的风险依次是递增的①。这一假设主要基于以下论据:农户从事传统种植业生产的时间较长,经验相对丰富,相对于其他行业,种植业生产也更依赖于农户自己所拥有的土地数量、质量以及生产条件,因而经营费用支出对种植业收入的边际影响也较小;相对于传统种植业生产来说,养殖业生产需要的投入较大,其投入对收入的边际影响也更大,同时,养殖业收入更易受到市场价格波动和疾病的影响,因此风险也更高;平均而言,从事第三产业经营活动相对于种植业有更高的风险,并且其边际收入相对于前两者也更高。

在本章以下的篇幅中,我们将研究当期农户生产经营费用支出的结构变化对贫困动态的影响。本章第二节将对本章所使用的数据进行简单的介绍,从中选取并形成实证分析所采用的核心指标;第三节是实证分析所采用的计量方法以及估计结果;第四节基于上述研究结果进行了讨论。

---

① 后文的数据统计也支持这样的假设。

6.2　数据说明、指标选择以及数据的统计特征

6.2.1　数据说明

在本章的研究中所使用的数据来自贵州省某市 2006—2009 年固定观测点数据,样本共涵盖 6 县(区),44 个村,440 户。2009 年该市常住人口为 256.57 万人,其中布依、苗、回、仡佬族等少数民族人口占全市人口的 38.43%。截至 2009 年年底,全市贫困人口为 38.11 万人,农民人均纯收入为 3 110 元,因此,该样本作为研究贫困问题的对象是合适的。该调查涉及农村居民家庭基本情况,农户生产经营状况,农户的生产、生活支出和收入项目,以及行政村基本情况等项目。国家固定观测点的选择是由国家统计局根据一定的标准来确定的,相对来说比较科学,在随机性与代表性方面都能较有保证。其选择规则是首先根据县(区)的人口规模选择调研的行政村个数。其次,其中每个村按收入分层选取低收入户、中等收入户和高收入户共 10 户,并进行连续追踪调查。固定观测点每年样本相对比较固定,因而可以有连续的时间序列观测数据,因此,可以根据农户的收入状况来判断两个年度内的贫困动态变化。其中,有少数农户在后来的跟踪调查中并没有能够继续被访问,则在该村中使用经济状况相似的农户进行替代。在研究贫困动态变化时,我们对这些农户进行了排除,因此最终使用了 329 户农村居民 2006—2009 年 4 个年度内的调查数据,共计 1 316 次观测。

6.2.2 指标选择

为了研究农户生产经营费用支出结构变化对贫困动态的影响,我们使用以下两个指标来表征生产经营费用支出结构变化:第一,我们考虑农户经营费用在各行业中支出重心的变化。即前一年,在总经营支出中,在某一行业内支出所占的比重最大,而到下一年,农户总生产经营费用中支出比重最大的行业发生了改变。并且,这里只考虑由低风险低边际回报的行业转向相对高风险高边际回报的行业的情况,例如,由以种植业为主转向以养殖业为主。由此形成一个 0-1 二分变量,我们将这一变量称为"支出结构升级",并使用"$x_{exp\_upgrade}$"来表示。具体而言,这一指标的产生规则如下:

在各年的总生产经营费用中,如果:

(1)$t-1$ 年种植业所占的比重最大,t 年养殖业所占的比重最大,则 $x_{exp\_upgrade}=1$;

(2)$t-1$ 年种植业所占的比重最大,t 年第三产业所占的比重最大,则 $x_{exp\_upgrade}=1$;

(3)$t-1$ 年养殖业所占的比重最大,t 年第三产业所占的比重最大,则 $x_{exp\_upgrade}=1$;

非上述三种情况,则 $x_{exp\_upgrade}=0$。

第二,我们考虑生产经营的多元化程度及其变化。即农户的总生产经营费用主要集中于某一个行业,还分散于多种用途。例如,原先以种植业为主,以养殖业为辅,转向种植业、养殖业和小商品经营活动并重。这里使用"$x_{exp\_diversificantion}$"来代表农户"生产经营费用支出的多元化程度","D.$x_{exp\_diversificantion}$"表示这种多元化程度在两个年度间的变化。借鉴企业经营多元化研究中所采用的多元化测度指数,这里引入多样化熵(Entropy)测度法来测量农户生产经营费用支出的多元化程度(刁兆峰和雷如桥,2001)。熵的概念最初源于热力学,是对系统状态不确定性的一种度量,是物质系统混乱程度的单调增函数。通过计算熵值,可以判断一个事件的随机性及无序程度,也可以用熵值来判断某个指标的离散程度。一般来说,指标的离散程度越大,熵值就越大;反之,熵值就越小。在经济学和管理学的研究中,Jacquemin & Berry(1979)使用熵指数来衡量多元化程度。借鉴这一思想,我们这里使用熵指数来测度农户生产经营费用支出的多元化程度,其表达式为:

$$x_{exp\_diversificantion} = - \sum_{j=1}^{m} \omega_j \ln(\omega_j) \qquad (式6-1)$$

其中,在全部 m 个行业中,ω_j 为第 j 个行业的经营费用支出在总生产经营费用支出中所占的比重。$x_{exp\_diversificantion}$ 的值介于 0 到 $\ln(m)$ 之间,即区间 $[0,\ln(m)]$,值越大,表明多元化程度越高,当其值为 0 时,表明多元化程度最低,也就是完全的专业化。

6.2.3 数据的统计特征

1. 样本贫困统计

表 6-1 统计了本章研究中所使用样本各年的真实人均收入、贫困户数和贫困发生率,对于贫困户数和贫困发生率的计算,我们采用了 2009 年人均年纯收入 1 196 元的国家贫困线标准和世界银行人均每

天 1.25 美元的标准①。其中样本农户人均纯收入由 2006 年的 2 305 元上升到 2009 年的 3 217 元②。根据 2009 年的国家贫困线标准,贫困发生率由 2006 年的 12.77% 下降到 2009 年的 7.29%。世界银行人均每天 1.25 美元的贫困线标准要远高于 2009 年中国官方的贫困线标准,根据这一标准,样本农户贫困发生率由 2006 年的 42.55% 下降到 2009 年的 26.75%。

表 6-1   样本贫困状况统计

年份 (年)	人均收入 (元)	贫困户数 (国家贫困线 1 196 元/年)	贫困发生率 (国家贫困线 1 196 元/年)	贫困户数 (世界银行贫困线 1.25 美元/天)	贫困发生率 (世界银行贫困线 1.25 美元/天)
2006	2 305	42	12.77%	140	42.55%
2007	2 502	49	14.89%	105	31.91%
2008	2 768	32	9.73%	93	28.27%
2009	3 217	24	7.29%	88	26.75%

表 6-2 呈现了在这 4 个年份间,贫困的动态变化情况。按照中国官方的贫困线标准,2006 年的 42 户贫困家庭中,有 25 户在 2007 年实现了脱贫,但同时,也有 32 户在这一年陷入了贫困;而在 2007—2008 年期间,2007 年处于贫困状态的 49 户居民,有 34 户脱离了贫困,但同时也有 17 户居民陷入了贫困;在 2008—2009 年期间,2008 年处于贫

① 世界银行 1.25 美元/天的贫困线标准(2005 年价格水平)大致相当于人民币 1 857 元/年(2009 年贵州省农村价格水平),所采用的汇率标准为国际比较项目组(ICP)以 2005 年为基准年根据各国货币购买力测算的汇率标准,其中 1 美元约等于 3.54 元。需要特别说明的是,贵州省 2005—2009 年农村居民消费价格水平平均要高于全国农村居民消费价格水平,2006—2009 年贵州农村居民消费价格指数分别为 102.0、107.4、108.8、99.0,因此以人民币表示的 2009 年世界银行贫困线标准(贵州省)要高于使用中国农村居民消费价格指数的换算标准(1 788 元/年)。

② 这一章所使用的收入数据均为真实收入,根据贵州省农村居民消费价格指数调整到 2009 年价格水平。

困状态的 32 户居民有 22 户都脱离了贫困,但同时也有 14 户陷入了贫困。最后,在 2006—2009 年期间,总计有 81 户次经历了脱贫过程,同时也有 63 户次经历了陷贫的过程。而按照世界银行的贫困线标准,在 2006—2009 年期间,总计有 160 户经历了陷贫的过程,同时也有 108 户经历了脱贫的过程①。

表 6-2　　　　　　　　　样本的贫困转移

	户数(国家贫困线 1 196 元/年)	户数(世界银行贫困线 1.25 美元/天)		户数(国家贫困线 1 196 元/年)	户数(世界银行贫困线 1.25 美元/天)
2006 年贫困—2007 年非贫困	25	65	2006 年非贫困—2007 年贫困	32	30
2007 年贫困—2008 年非贫困	34	49	2007 年非贫困—2008 年贫困	17	37
2008 年贫困—2009 年非贫困	22	46	2008 年非贫困—2009 年贫困	14	41
t 期贫困—t+1 期非贫困	81	160	t 期非贫困—t+1 期贫困	63	108

2. 各项生产经营费用支出与收入

表 6-3 呈现了 2006—2009 年,样本农户在每项生产经营活动中的人均支出和收入情况。从人均支出情况来看,在各年度,养殖业支出所占的比重最大,其次为种植业,而第三产业的人均支出数额非常小。例如,2009 年,人均种植业支出为 291 元,人均养殖业支出为 386 元,人均第三产业支出仅仅为 26 元。人均第三产业支出数额较小是因为在我们的样本中,绝大多数农户在这一项的支出额为 0,如果排除了这一项支出数额为 0 的农户,则 2006 年,50 个农户在第三产业经营中的支出为 169 元,而到 2009 年,32 个农户在这一项的人均支出为

---

① 这里不排除有的家户经历了脱贫—陷贫—脱贫,以及陷贫—脱贫—陷贫的贫困动态过程。

269 元。

表 6-3   各年度农户生产经营支出和收入

指标	观测量	2006 年	2007 年	2008 年	2009 年
人均种植业支出	329	273	316	354	291
人均养殖业支出	329	437	452	497	386
人均第三产业支出	329	26	27	36	26
人均种植业收入	329	1 194	1 434	1 383	1 242
人均养殖业收入	329	730	866	926	925
人均第三产业收入	329	272	242	323	415

从收入情况看,各年度种植业收入在三项收入构成中所占的比重最大,其次为养殖业收入和第三产业收入。2009 年,人均种植业收入为 1 214 元,人均养殖业收入为 925 元,而人均第三产业收入为 415 元。需要说明的是,很多农户在第三产业的支出为 0,但是却在该项中获得了收入,这也反映了该行业的经营特征。尽管从投入产出的总体情况来看,种植业的平均收益要高于养殖业的平均收益,但这里需要考虑到种植业生产活动中要素投入的特征,其收益更多地与土地的面积、土地质量、农业生产条件和劳动力投入有关,而养殖业生产中所投入的生产要素主要是资本。

当我们考虑农户经营投入行为时,一般来说,在每年年初,农户都是根据自己前一年在各项生产经营活动的投入来确定来年的投入水平,是增加投入还是减少投入,即考虑的是各项经营支出的边际收益。因此,在图 6-1 中,我们给出了上述三项生产经营活动中支出与收入的关系,其中横坐标为各项生产经营活动人均支出对数值,纵坐标为对应人均收入的对数值。从散点图中,我们发现种植业支出-收入分布相对集中,养殖业和第三产业的支出-收入分布相对分散。这说明种植业的投入报酬相对稳定,风险较小,而养殖业和第三产业的投入报酬波动较大,风险也更大。同时,图中也出示了各项生产经营活动人均支出对数对人均收入对数的拟合线,其斜率反映了在该行业的生产经营活动中,货币投入的报酬弹性。结果发现,种植业、养殖业、第三产业的边报酬弹性依次上升,这也用数据证实了我们最初的假设,即种植业、养殖业和第三产业的风险和边际收益是依次上升的。

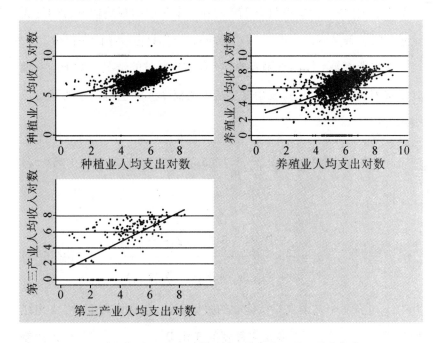

图 6-1　各项生产经营活动支出与收入关系散点图

6.3 实证分析模型与回归结果

6.3.1 研究方法

本章基于混合截面数据,使用二分变量 Logit 模型来研究农户生产经营费用的结构变化对农户贫困动态变化的影响。之所以采用混合截面数据,是因为这里只有 329 户在 4 个年度的观测样本,而且,无论按照哪一条贫困线标准,样本中贫困农户都只占较小的一部分。

首先考虑 t-1 期的贫困农户在 t 期实现脱贫的情况。对于前一期处于贫困状态的农户,其成功退出贫困的概率 p 的逻辑斯蒂变换可以表示为:

$$\text{logit}(p_i) = \log\left(\frac{p_i}{1 - p_i}\right) = \alpha_0 + \alpha_1 x_i + \sum_{k=1}^{k} \beta_k z_{ki} \quad （式6-2）$$

即:

$$p_i = \frac{\exp\left(\alpha_0 + \alpha_1 x_i + \sum_{k=1}^{k} \beta_k z_{ki}\right)}{1 + \exp\left(\alpha_0 + \alpha_1 x_i + \sum_{k=1}^{k} \beta_k z_{ki}\right)} \quad （式6-3）$$

其中,x_i 是第 i 个贫困农户待检验的关键变量,包括虚拟变量"支出结构升级 $x_{exp\_upgrade}$"以及"多元化程度的变化 $D.x_{exp\_diversificantion}$",$z_{ki}$ 是控制变量。为了得到"支出结构升级"和"支出多元化程度的变化"对 t-1 年至 t 年间贫困转换的净影响,这里控制了其他可能影响农户贫困转换的因素,尤其是初期的农户特征及其变化。这些控制变量具体包括:农户在 $t-1$ 年的人口规模及其变化,农户在 $t-1$ 年的赡养率①及其变化,农户在 $t-1$ 年的成人人均受教育年限及其变化,农户在 $t-1$ 年的人均耕地面积及其变化,农户在 $t-1$ 年的人均工资收入对数值及其水平值的变化,农户在 $t-1$ 年的种植业支出对数值,农户在 $t-1$ 年的养殖业支出对数值,农户在 $t-1$ 年的人均第三产业支出及其对数值,以及农户在两个年度间总人均经营支出水平值的变化。同时,我们也对脱离贫困的年份进行了控制。需要特别说明的是,外出务工收入也是该地区农村居民收入的一个主要来源,直接影响农户的贫困状况,因此控制了 $t-1$ 年农户的工资及其变化。而对农户在 $t-1$ 年的种植业支出对数值,农户在 $t-1$ 年的养殖业支出对数值,农户在 $t-1$ 年的人均第三产业支出及其对数值,以及农户在两个年度间总人均经营支出水平值的变化等四项指标的控制,是为了控制支出水平增加的作用效果,从而能够重点突出"支出结构变化"以及"多元化"变化的净影响。

　　同理,上述方法也适用于研究 $t-1$ 期非贫困农户在第 t 期陷入贫困的情况。

6.3.2　估计结果

　　表6-4呈现了变量"支出结构升级 $x_{exp\_upgrade}$"对贫困农户脱离贫困影响的估计结果。其中,第1列为按照世界银行每天1.25美元贫困线标准确定贫困人口的情况。在2006年、2007年、2008年三年中,

---

①　赡养率=(60岁以上人口数+16岁以下人口数)/家户总人口数。

共有 338 户次经历了贫困①,有 210 户次在接下来的一年退出了贫困。估计结果表明,"支出结构升级"对贫困农户脱贫的影响在 1% 的显著性水平上显著,即如果一个农户的生产经营费用投入重心由低风险、低边际回报的行业转向高风险、高边际回报的行业,其脱贫的概率要比那些没有改变投入结构的贫困农户高出大约 3.66 倍②。这一结果也证实了我们最初的假设,即贫困农户将生产经营投入的重心由种植业转向养殖业或第三产业时,其脱贫的可能性也大大上升。

此外,估计结果也表明,"$t-1$ 年的成人平均受教育年限"在 5% 的显著性水平上显著。也就是说,平均受教育程度越高的贫困农户,其脱贫的概率也就越大。这可能是因为那些受教育程度越高的农户,其贫困只是因为暂时遭受某种冲击,而从长期来讲,其收入水平将会回归到一个相对较高的水平。"农户人均工资水平值变化"在 1% 的显著性水平上显著,因为在偏远的贵州山区,外出务工是当地农村居民获得收入的一大重要来源,青壮年纷纷外出务工,很多地方都只剩下老人和儿童留守在家中,因此,通过外出务工获取工资性收入是贫困农户脱贫的重要途径。

表 6-4 第 2 列呈现了按照国家贫困线的标准确定贫困人口后的估计结果,但是,我们并没有发现"支出结构升级"对贫困人口脱贫呈显著的影响关系。这一方面可能是因为按照国家贫困线的标准,处于贫困状态的农户样本数目太少(仅有 123 个样本),导致估计结果失效;但更可能的原因在于,贫困人口通过改变生产经营费用支出结构

---

① 有的家户不止经历了一年的贫困,因此这里使用"户次"来表示样本中家户经历贫困和退出贫困的总年数。

② $Exp(1.297) = 3.66$。

来实现脱贫是有条件的,只有那些在贫困人口中收入水平相对较高的农户才有条件通过改变支出结构实现脱贫。因此,在表6-4第3列中,我们进一步考虑了 $t-1$ 年人均真实收入水平位于国家贫困线和世界银行贫困线标准之间的贫困农户退出贫困的情况,即使用了第1列回归中的子样本。这时,我们发现,"支出结构升级"对贫困人口脱贫概率的影响在1%的显著性水平上显著,而且系数要比全样本的时候更大。这说明,年人均真实收入水平位于1 196~1 857元的农户,通过在生产经营活动中,将支出重心由低风险、低回报的经济活动逐渐转向高风险、高回报的经济活动,将更能实现脱贫。

表6-5呈现了农户生产经营费用支出" $t-1$ 期多元化水平"以及"多元化水平的变动"对贫困农户脱贫影响的估计结果。按照世界银行的贫困线标准(如第(1)列所示),贫困农户在 $t-1$ 年的多元化水平,对其随后的脱贫在5%的显著性水平上有显著的正向影响。即贫困农户生产经营投入的多元化程度越高,其随后脱贫的概率也就越大。这表明,如果贫困农户的经营投入分散于多项经济活动,其在随后的时期脱贫的可能性也就越大,因为多元化的投入意味着收入来源的多元化,这也为实现脱贫创造了可能。在控制了农户" $t-1$ 期的多元化水平"之后,"多元化水平的变动"在5%的显著性水平上对农户脱贫的概率有正向的影响,即贫困农户如果在下一期,在总投入不变的情况下,使自己生产经营活动的多元化程度更高,其脱贫的可能性会提高。不过值得注意的是,相对于传统经济研究中,考虑一般人分散投资的保守策略,穷人多元化程度的变动更有可能是尝试将有限的投入从传统种植业转向养殖业和第三产业。但是,按照中国官方的贫困线标准,这两个指标并不显著,这也可能是因为贫困人口通过提高生产经

营费用支出的"多元化水平"实现脱贫是有条件的,只有那些在贫困人口中收入水平相对较高的农户才有条件在多项生产经营活动中同时进行投入。当我们用收入水平在国家贫困线和世界银行贫困线之间的子样本进行回归时(如表6-5第(2)(3)列所示),这两个指标均在10%的水平上与农户脱贫呈正相关关系。

表6-4　　家庭生产经营费用支出结构升级与脱离贫困

变量	（1） 世界银行贫困线	（2） 国家贫困线标准	（3） 子样本
支出结构升级	1.297 ***	0.131	1.516 ***
	(2.91)	(0.13)	(2.64)
前一年的农户规模	−0.091 3	−0.165	−0.078 4
	(−0.88)	(−0.77)	(−0.67)
农户规模的变动	−0.335	−0.485	−0.096 7
	(−1.41)	(−1.03)	(−0.38)
前一年的赡养率	0.012 4	1.241	−0.279
	(0.02)	(1.10)	(−0.50)
赡养率的变动	−1.090	−2.463	−0.907
	(−0.97)	(−1.11)	(−0.74)
前一年的成人平均受教育年限	0.153 **	0.133	0.084 3
	(2.35)	(1.09)	(1.07)
成人平均受教育年限的变化	−0.025 7	−0.059 3	−0.191
	(−0.22)	(−0.33)	(−1.28)
前一年的人均耕地面积	0.439	−0.081 3	0.471
	(1.49)	(1.60)	(−0.14)
人均耕地面积的变化	0.593	0.383	0.407
	(1.16)	(0.39)	(0.75)

表6-4(续)

变量	(1) 世界银行贫困线	(2) 国家贫困线标准	(3) 子样本
前一年农户人均工资对数值	0.074 9	0.149	0.035 6
	(1.57)	(1.50)	(0.65)
农户人均工资水平值变化	0.001 26***	0.002 86***	0.000 919***
	(4.38)	(3.30)	(3.01)
前一年的农户种植业投入对数值	−0.044 9	−0.327	0.015 9
	(−0.45)	(−1.37)	(0.15)
前一年的农户养殖业投入对数值	0.159*	0.012 1	0.168
	(1.69)	(0.09)	(1.49)
前一年的农户人均第三产业投入对数值	−0.034 7	0.130	−0.075 7
	(−0.39)	(0.57)	(−0.79)
农户人均经营投入的变化	−0.000 326*	−0.000 847**	−0.000 121
	(−1.80)	(−2.29)	(−0.56)
2008 年	0.062 9	1.336**	−0.062 5
	(0.21)	(2.11)	(−0.18)
2009 年	−0.065 6	0.159	−0.182
	(−0.21)	(0.24)	(−0.51)
截距	−2.372**	−0.176	−1.222
	(−2.22)	(−0.08)	(−0.98)
样本观测量	338	123	259

注:括号中报告了 z 统计量,"***""**""*"分别表示在 1%、5%、10%的显著性水平上显著,下同。

145

表 6-5　　　　　　家庭生产经营支出多元化与脱离贫困

	（1） 世界银行贫困线	（2） 国家贫困线标准	（3） 子样本
多元化水平的变动	1.566**	−2.247	1.338*
	(2.29)	(−1.47)	(1.75)
前一年的多元化水平	2.215**	−1.670	1.774*
	(2.41)	(−0.91)	(1.65)
前一年的农户规模	−0.113	−0.162	−0.102
	(−1.07)	(−0.77)	(−0.87)
农户规模的变动	−0.434*	−0.487	−0.261
	(−1.90)	(−1.02)	(−1.04)
前一年的赡养率	−0.003	0.945	−0.267
	(−0.01)	(0.82)	(−0.48)
赡养率的变动	−1.309	−2.660	−1.278
	(−1.19)	(−1.17)	(−1.07)
前一年的成人平均受教育年限	0.143**	0.168	0.085
	(2.19)	(1.33)	(1.08)
成人平均受教育年限的变化	0.030	−0.087	−0.096
	(0.26)	(−0.47)	(−0.63)
前一年的人均耕地面积	0.421	0.049	0.461
	(1.54)	(0.08)	(1.47)
人均耕地面积的变化	0.407	0.655	0.239
	(0.82)	(0.63)	(0.45)
前一年农户人均工资对数值	0.089*	0.160	0.054
	(1.85)	(1.55)	(0.98)
农户人均工资水平值变化	0.0012***	0.003***	0.0008***
	(4.20)	(3.48)	(2.70)

表6-5(续)

	（1） 世界银行贫困线	（2） 国家贫困线标准	（3） 子样本
前一年的农户种植业投入对数值	−0.059	0.319	0.014
	（−0.50）	（−1.29）	（0.11）
前一年的农户养殖业投入对数值	0.104	0.001 6	0.133
	（1.07）	（0.01）	（1.17）
前一年的农户第三产业投入对数值	−0.088	0.131	−0.097
	（−0.87）	（0.54）	（−0.86）
农户人均经营投入的变化	−0.000 3	−0.001 **	−0.000 1
	（−1.57）	（−2.39）	（−0.50）
2008 年	0.114	1.440 **	0.041
	（0.37）	（2.20）	（0.12）
2009 年	−0.071	0.195	−0.188
	（−0.23）	（0.29）	（−0.53）
截距(农户层面)	−2.950 ***	0.536	−1.864
	（−2.62）	（0.23）	（−1.45）
样本观测量	338	123	259

表6-6 说明了"支出结构升级"对非贫困农户陷入贫困的影响。从中发现,只有当按照中国官方的贫困线标准时,这一变量与农户陷入贫困只在10%的显著性水平上呈负相关关系,而按照世界银行的标准,这一结果并不显著。因而从总体来看,改变自己的生产经营费用支出投入重心,对非贫困农户陷入贫困的影响并不大。

表6-7 呈现了非贫困农户生产经营费用支出"$t-1$ 期多元化水平"以及"多元化水平的变动"对其陷入贫困的影响的估计结果。按照国家贫困线的标准（如第（2）列所示）,"$t-1$ 期多元化水平"在 1%

的显著性水平上与农户陷入贫困呈负相关关系,这说明农户生产经营费用支出的多元化能够有效地防止非贫困农户陷入贫困,因而是一种保险的投入决策。也就是说,非贫困人口生产经营活动多元化是一种分散风险的有效手段。相似地,"多元化水平的变化"在5%的显著性水平上与农户陷入贫困呈负相关关系,农户越是在未来提高其投入多元化水平,其陷入贫困的可能也就越小。此外,与大多数研究相似,农户在 $t-1$ 年的人均受教育年限在5%的显著性水平上与陷入贫困呈负相关关系,农户在 $t-1$ 年的人均耕地面积在10%的显著性水平上与陷入贫困呈负相关关系,农户在 $t-1$ 年的人均工资对数在1%的显著性水平上与陷入贫困呈负相关关系。这三个指标反映了土地、教育、劳动力三方面的因素对防止农户陷入贫困所起到的保险作用。

按照世界银行的贫困线标准,我们并没有发现这两个指标与农户陷入贫困之间的相关关系(如表6-7列(2)所示)。进一步,依照国家贫困线的标准,我们考虑了收入水平在国家贫困线标准之上、世界银行贫困线标准之下的低收入人群陷入更深层次贫困的概率,即考虑列(2)回归样本中的子样本情况,回归结果由表6-7列(3)所示。发现生产经营费用支出" $t-1$ 期多元化水平"以及"多元化水平的变化"与其陷入贫困的系数分别在10%和1%的显著性水平上呈负相关关系。这说明,生产经营支出多元化的保险作用对于避免低收入者陷入更深一级的贫困更为有效。

表6-6   家庭生产经营费用支出结构升级与陷入贫困

	（1） 世界银行贫困线	（2） 国家贫困线标准	（3） 子样本
支出结构升级	−0.071 2	−0.933 *	−0.799
	（−0.21）	（−1.89）	（−1.03）
前一年的农户规模	0.322 ***	0.215 **	0.086 0
	（3.48）	（2.00）	（0.51）
农户规模的变动	0.386 **	0.635 **	1.735 ***
	（2.13）	（2.56）	（2.96）
前一年的赡养率	0.028 7	0.064 5	−0.381
	（0.06）	（0.11）	（−0.42）
赡养率的变动	−0.372	0.800	0.903
	（−0.41）	（0.74）	（0.34）
前一年的成人平均受教育年限	−0.219 ***	−0.222 ***	−0.309 ***
	（−3.72）	（−3.27）	（−2.64）
成人平均受教育年限的变化	−0.087 0	−0.202	−0.671 **
	（−0.77）	（−1.39）	（−2.54）
前一年的人均耕地面积	−0.156	−0.502 *	−0.326
	（−0.78）	（−1.66）	（−0.65）
人均耕地面积的变化	−0.349	−0.380	−1.124
	（−1.26）	（−0.92）	（−0.94）
前一年农户人均工资对数值	−0.130 ***	−0.149 ***	−0.128
	（−2.91）	（−2.89）	（−1.55）
农户人均工资水平值变化	−0.000 750 ***	−0.000 766 ***	−0.001 93 ***
	（−4.35）	（−3.48）	（−3.16）
前一年的农户种植业投入对数值	−0.097 5	0.018 4	0.061 4
	（−1.02）	（0.16）	（0.35）

149

表6-6(续)

	（1） 世界银行贫困线	（2） 国家贫困线标准	（3） 子样本
前一年的农户养殖业投入对数值	0.039 6	−0.104	−0.257*
	(0.46)	(−1.13)	(−1.92)
前一年的农户人均第三产业投入对数值	−0.163**	−0.047 3	−0.044 2
	(−1.97)	(−0.48)	(−0.23)
农户人均经营投入的变化	0.000 397**	0.000 699***	0.000 133
	(2.28)	(3.33)	(0.29)
2008 年	0.159	−0.593*	−0.774
	(0.55)	(−1.75)	(−1.41)
2009 年	0.340	−0.696**	−1.294**
	(1.18)	(−1.97)	(−2.18)
截距(农户层面)	−0.521	−0.030 8	2.586
	(−0.53)	(−0.03)	(1.62)
样本观测量	649	864	253

表 6-7　　　　家庭生产经营支出多元化与陷入贫困

	（1） 世界银行贫困线	（2） 国家贫困线标准	（3） 子样本
多元化水平的变动	−0.665	−2.304***	−3.278***
	(−1.09)	(−3.43)	(−3.13)
前一年的多元化水平	0.026 9	−2.098**	−2.706*
	(0.03)	(−2.11)	(−1.77)
前一年的农户规模	0.328***	0.279**	0.187
	(3.46)	(2.54)	(1.08)

表6-7(续)

	（1） 世界银行贫困线	（2） 国家贫困线标准	（3） 子样本
农户规模的变动	0.375**	0.540**	1.756***
	(2.09)	(2.23)	(2.90)
前一年的赡养率	0.069 2	0.170	−0.104
	(0.15)	(0.29)	(−0.11)
赡养率的变动	−0.382	0.754	0.351
	(−0.43)	(0.71)	(0.13)
前一年的成人平均受教育年限	−0.216***	−0.185***	−0.301**
	(−3.67)	(−2.69)	(−2.47)
成人平均受教育年限的变化	−0.087 9	−0.185	−0.734**
	(−0.79)	(−1.35)	(−2.56)
前一年的人均耕地面积	−0.133	−0.396	−0.218
	(−0.66)	(−1.34)	(−0.44)
人均耕地面积的变化	−0.324	−0.252	−0.963
	(−1.18)	(−0.60)	(−0.72)
前一年农户人均工资对数值	−0.130***	−0.164***	−0.166*
	(−2.91)	(−3.14)	(−1.92)
农户人均工资水平值变化	−0.000 741***	−0.000 682***	−0.001 88***
	(−4.32)	(−3.15)	(−3.02)
前一年的农户种植业投入对数值	−0.116	0.074 8	0.052 6
	(−1.00)	(0.57)	(0.26)
前一年的农户养殖业投入对数值	0.027 2	−0.028 1	−0.195
	(0.29)	(−0.27)	(−1.24)
前一年的农户第三产业投入对数值	−0.195**	−0.065 3	−0.065 6
	(−2.06)	(−0.55)	(−0.29)

表6-7(续)

	（1） 世界银行贫困线	（2） 国家贫困线标准	（3） 子样本
农户人均经营投入的变化	0.000 376**	0.000 543***	−0.000 178
	(2.19)	(2.77)	(−0.38)
2008 年	0.150	−0.452	−0.619
	(0.52)	(−1.32)	(−1.12)
2009 年	0.305	−0.705*	−1.397**
	(1.06)	(−1.96)	(−2.21)
截距(农户层面)	−0.475	−0.402	2.944*
	(−0.48)	(−0.36)	(1.73)
样本观测量	649	864	253

6.4 小结

基于对上述实证结果的讨论,本章得到了以下几条结论:首先,在保持其他条件不变的情况下,农户的生产经营费用支出的重心由低风险、低回报的传统种植业转向相对高风险、高回报的养殖业或第三产业,对贫困农户脱贫起着积极的作用。但是,其作用效果对于贫困人口中那些收入水平相对较高的人群更为有效,特别是人均真实收入水平在国家贫困线和世界银行贫困线之间的贫困农户。而对于收入水平位于国家贫困线以下的农户,其利用生产经营费用"支出结构升级"来实现脱贫的可能性并不大。我们猜想这可能是因为这部分人的投入水平还不能形成规模,不能对收入水平的增加起到实质性的作用。

其次,研究结果表明,对于贫困农户来说,生产经营费用支出的多元化有助于其在未来实现脱贫,并且,这种多元化程度变化得越大,其脱贫的概率也就越大。而同时,在较低的贫困线水平上(国家贫困线),这种投入的多元化有助于避免农户陷入贫困,起到了保险作用。比较支出多元化在农户陷入贫困和脱离贫困的作用,也可看出,对于贫困农户来讲,支出多元化更多地体现在其从单一的种植业生产转向养殖业和第三产业,是一种增收方式;而对于收入状况相对较好的农户来说,支出多元化更多地起到一种分散风险的作用,是一种自我保险方式。

本章对农户生产经营费用支出结构与贫困动态关系的研究在扶贫政策的制定上具有重要的意义。在偏远贫困地区,由于生产环境恶劣,在过去的二十年中,外出务工一直是当地贫困农户实现脱贫的主要途径。虽然外出务工增加了收入,但是本地的经济并没有因此得到发展,因为外出务工只能增加本地居民的 GNP(国民生产总值),而无法增加本地的 GDP(国内生产总值)。而且,很多人在外务工多年之后受户籍和经济能力的限制,无力在外乡定居,最终在到了一定年纪之后重新回到农村务农,生活水平也相对之前有所下降。与此同时,与城市老年人口到退休年纪即退休的情况不同,在广大农村地区,大多数 50 岁、60 岁乃至 70 岁的中老年人口都有参加农副业生产的需求和能力。而本章研究了贫困人口的生产经营费用投入行为对贫困动态的影响,适用于农村留守人口。我们认为,政府应该通过新技术的推广和信用支持,鼓励和引导农户进入新的高收益的生产经营领域,增加农民的收入渠道,使贫困人口实现脱贫,这也有助于非贫困人口通过多元化的生产活动避免陷入贫困。同时,政府也应当鼓励和引导社会力量参与农业保险体系建设。农户之所以没有进入新的生产领域,一方面是因为缺乏投入所需的资金,另一方面也是为了规避风险,如果农户的生产经营活动能得到保障,减少收入风险,那么农户在高收益行业增加投入的意愿也会增加。

通过对农户在生产经营活动中的投入行为进行研究,我们从农户的自身角度,考察了在风险和机遇并存的情况下,农户投入行为的选择对其贫困动态转化的影响,这一研究视角与传统的研究视角有所不同。不过,本章的研究具有一定的局限性和缺陷。首先,在样本的选择上,我们以贵州山区的农户为研究对象,他们的生产经营活动较为单一,主要以种植业、养殖业、小商品经营和外出务工为主;其次,我们定义和测度"生产经营费用支出结构升级"和"生产经营费用支出多元化"的方式较为主观,也未必十分科学,这也影响了本研究的质量,需要进一步完善和改进。

7 总结与展望

7.1 主要结论

多年来,尽管世界各国为减少贫困做出了艰苦的努力,但实际的发展效果并不尽如人意,直到 21 世纪贫困依然是困扰全人类的主要问题。

这其中一个重要的原因在于贫困问题的动态性。经济学家越来越意识到,贫困研究不能仅仅静态地关注同一时期贫困人口的规模大小,而是应当动态地研究贫困群体在不同时期贫困状态的动态变化过程,这种状态的变化包括脱离贫困、陷入贫困或持续贫困等。这种认知基于广泛存在的贫困脆弱性事实,同时也是制定具有动态性瞄准功能的扶贫政策、提高扶贫效率的需要。在此背景下,本书以贫困动态问题为研究对象,从理论和实证两个方面,呈现了贫困动态的趋势,并试图从贫困人口自身的经济行为出发,解释贫困动态转换的原因,这一系列的研究也帮助我们对贫困问题有了全新的认识。具体而言,本书从以下三个方面来刻画贫困动态,并得出相应的结论。

首先,本书利用 1989—2009 年中国健康与营养调查数据,通过贫困转换矩阵和生存分析研究家户贫困或非贫困状态的转变,以及在转变发生之前,初始状态的持续期限对这种转变的影响。结果表明,家户陷入贫困与脱离贫困的过程以非对称的比例同时存在;大多数贫困家户在经历了短期的贫困后,能够快速脱离贫困;持续贫困或持续非贫困的时间长度对贫困状态转换的影响,因选择绝对贫困线或相对贫困线而呈现不同的变动趋势。另外,就贫困的动态变化而言,尽管从绝对贫困理念看,贫困家户具有很大的向上流动的可能性,但从相对贫困的视角看时,却发现贫困表现出持续性特征,这也揭示了社会阶层的固化趋势。

其次,本书对中国农村家户贫困脆弱性进行了测量和分解,呈现贫困脆弱性的变化趋势,并对家户未来的贫困动态做出预测。结果表明,农村家户的贫困脆弱性水平在长期保持下降的趋势,但风险对脆弱性的贡献逐年上升,这说明家户陷入贫困的原因由能力缺乏导致的收入偏低,逐渐转向由于遭受各种风险冲击导致的收入波动。即农村家户获取收入的能力相对以前在逐渐提升,但是也需要更注意防范各种风险冲击。这一结论对于扶贫政策的制定具有重要的导向作用。另外,对家户贫困脆弱性的评估也帮助我们区分了哪些家户会持续贫困,哪些家户会很快脱离贫困,这也有助于扶贫瞄准效率的提高。

最后,本书研究了贫困人口自身的经济行为对其贫困动态变化的影响,从而为贫困动态提供一个合理的主观因素的解释。这里以贵州从事传统农业、牧业生产的贫困群体为研究对象,研究农户在各项生产经营活动中,生产费用的"支出结构升级"和"支出的多元化程度"这两个指标对家户贫困动态变化的影响。结果表明,第一,当生产经营费用支出重心由低风险、低回报的传统农业转向相对高风险、高回报的养殖业或第三产业时,其脱贫的可能性大大提高。第二,对于贫困农户来说,生产经营费用支出的多元化有助于在未来实现脱贫,起到了增收作用;而同时,在较低的贫困线水平上,这种投入的多元化有助于避免非贫困家户陷入贫困,起到了保险作用。

7.2　研究展望

本书也存在着以下缺陷和不足,需要在以后的研究中进一步得到完善。首先,我们定义贫困的方式是一元的,也是较为简单的。在本书中,我们分别使用样本数据收集年份我国官方的贫困线标准(2009 年人均纯收入1 196元的标准)、世界银行人均每天 1. 25 美元的贫困线标准和相对贫困线标准来判定农村家户贫困与否,这些贫困线标准本身就存在争议。近年来,对多维贫困和主观贫困的研究开始兴起,为我们未来的研究方向提供了指引。不过,这里需要强调的是,在一定程度上,使用一维的贫困线测量贫困也有其自身的可取性,因为收入和教育、健康等指标存在线性关系。而多维贫困的计算相对复杂繁琐,主观定性地来研究贫困的动态变化更适合于一个较长的时间跨度。

其次,我们并没有对测量误差进行专门的处理。使用调查数据来研究贫困问题,其中收入水平的测量误差是一个重要难题。测量误差包括随机性的测量误差和系统性的测量误差,对于随机性的测量误差,一般情况下可以忽略不计,对于系统性的测量误差,一般使用工具变量法进行处理。不过,本书研究的是两个年度之间贫困的动态转换,因而认为系统性测量误差,并不会影响两个年度间收入水平的变化。

再次,本书对贫困动态的研究显现出了跨学科研究的不足。目前,国内外关于贫困与反贫困的研究,已从单纯的收入贫困研究拓展到涉及政治、经济、社会及人口领域各学科,但是目前的多学科研究之间还缺乏一定的系统协调性。由于贫困的原因各有不同,不同国家甚至同一国家不同地区的实际情况各异,因而很难有一个统一的模式。研究中所分析的每一个致贫因素可能都很重要,所以,在反贫困的过程中,往往需要多学科、多维度、多部门的共同努力才能实现。我国在反贫困领域取得了进展,这是一系列政治、经济、社会与文化等因素共同作用的结果。为了进一步总结我国的反贫困经验,促进我国未来减贫的效果,并为帮助发展中国家脱贫提供经验,需要对我国的减贫经验进行全方位总结。在我们的研究中,还仅仅是在经济学的研究框架内进行研究,缺乏跨学科的交叉研究,这也是未来贫困动态研究发展的方向。

最后,本书对贫困的理解和定义还遵循传统的收入贫困概念,在贫困人口的识别中还是用较为武断的贫困线标准,缺乏微观行为基础。在未来的研究中,还需进一步研究动态贫困背后的家户特征和行为,有助于我们理解这一现象背后的行为基础,更能够为我们确定贫困线、实施贫困度量寻找到理论依据。

7.3 政策启示

20世纪80年代中期以来,中国政府有组织、有计划、大规模的扶贫开发事业取得了举世瞩目的成就。但是进入21世纪,随着贫困人口的大量减少,贫困的分布也发生了变化,由大规模的聚集转向大分散、小聚集。而对于剩余的贫困人口,其贫困持续的惯性更强,脱贫难度也愈大。因而,当我们以动态的视角看待农村贫困问题时,也为扶贫政策下一步的方向提供了导向。

第一,在扶贫过程中,除了注重提升贫困人口的发展能力,也要通过建立"安全网"来防止更多的人陷入贫困,制定由事后弥补转向先发制人的扶贫策略。注重提升贫困人口的能力一直是我国扶贫思路的重要导向,例如,九年义务教育实行学费全免,农村剩余劳动力培训,向贫困户免费发放生产资料,为弱势群体定向提供就业岗位,都以提升贫困人口的能力或资本为出发点,这些政策也取得了令人满意的效果。但是,这种提升贫困人口能力或资本的措施是贫困发生后的弥补措施,当我们以动态的视角看待贫困时,除了上述努力,还应该要求建立"安全网",通过先发制人的措施,防止非贫困人口,或者暂时贫困人口陷入长期贫困中。例如,建立救助、农业保险和失业保险体系等正式保险制度,以及充分发挥社会网等非正式保险制度的作用。当然,当前在农村地区,一些急需建立的"安全网"已经开始运行,如新型农村合作医疗、新型农村社会养老保险等制度,但是这项制度目前还只针对特定的人群和最紧迫的问题,需要继续完善。

第二,在农村基层地区,充分发扬民主,通过参与式评估建立动态的贫困人口瞄准体系。在大多数扶贫开发项目中,由于缺乏准确的家户的收入水平及其他反映家户特征的动态信息,准确地界定贫困人口受到限制,因此也提出了扶贫政策瞄准问题。有些扶贫项目覆盖了全部人口,但是受预算资金的限制,在缺乏资金的广大发展中国家,没有瞄准的扶贫并不是一个好的选择,而且覆盖全部人口的扶贫项目对贫困人口和非贫困人口的影响不成比例,穷人可能并不因为项目的实施而获益更多(Besley & Kanbur,1993)。然而,在更小的范围内准确确定瞄准对象,也就是扶贫项目的胜任接受者,需要更为详尽的信息。过去,我国实行的是区域扶贫瞄准政策,这在贫困分布相对聚集的情况下是合适的选择。随着贫困人口的不断减少,贫困的分布也越发分散,因此,过去实施的区域瞄准或群体瞄准(针对特定人群:如老人/妇女/儿童)已经不能完全满足当今扶贫形式的需求。关于贫困动态问题的研究告诉我们,贫困人口的状态会随时间发生变化,那些结构性贫困的人口需要政府的援助才能实现脱贫,而随机性贫困的人口可能会在冲击发生之后凭借自身的能力很快摆脱贫困,不同类型的贫困对外界的扶持的需求是不同的,因此,当政府选择扶贫瞄准对象时,需要做出正确的判断。Krishna(2004,2007)认为贫困是动态的,由脱离贫困和陷入贫困的速度决定,所以扶贫不应瞄准静态的贫困个体,而应瞄准致贫的原因。过去我们以提升贫困人口能力为导向的扶贫措施也是这一扶贫思路的体现。当前,在农村地区,一个可行的扶贫动态瞄准体系的建立依赖于全体村民的参与。事实上,每个村民自身都有一个对贫困的判断,能认识到周围哪些人是贫困的,哪些人的日子过得相对较好。因此,应该在上级政府的组织下,定期通过参与式的方法,让村民自己选出本村接受扶贫帮助的对象,并且在经过一定时期后,重新对贫困人口进行识别,这一方法要好过自上而下的贫困人口识别。例如,在建立农村最低生活保障制度时,应该充分发挥村民自身的积极性。

第三,通过市场机制,引导社会力量参与农业保险体系建设。如前文所述,政府主导的农村社会保障网络能力是有限的,而且大多针对特定人群或特定问题。而对于风险承担能力较弱的农村居民来说，当他们看到冲破贫困陷阱的希望，有意愿将自己不多的资本投入相对高风险、高回报的行业中时，其承担损失的能力是有限的。很多时候，正是这种对风险的恐惧，使他们放弃了靠自身努力冲破贫困陷阱的希望，但是这种贫困人口由于自身经济行为导致的损失不可能由政府买单。因此，政府应当鼓励和引导社会力量参与农村保险体系的建设，为农民的生产活动提供商业保险，通过市场机制降低贫困人口从事相对高回报经济活动的风险，从而也为全面建成小康社会、建设社会主义新农村做出贡献。另外，在农村地区，需要进一步加大农业技术推广工作，确保农户掌握新技术，实现收入增加。

第四，农村留守或返乡的中老年人是未来扶贫的主要对象。我们的研究表明，以户主年龄所反映的家户生命周期对家户的贫困转换具有重要影响，老年人有较高的概率陷入贫困。过去十年来，随着农村地区劳动力培训转移项目的实施，大批农村青壮年劳动力流向沿海发达地区务工，很多村庄仅剩下50岁以上的中老年人和留守儿童，生存条件恶劣，而其中大多数50岁、60岁的人口都不能参加劳动，需要通过政府扶持改变贫困状态。因此，要根据当地贫困人口的特征制定相应的扶贫政策，推行合适的扶贫项目，让留守在农村的贫困人口受益。

参考文献

[1]ADATO M, LUND F, MHLONGO P.Methodological innovations in research on the dynamics of poverty: a longitudinal study in KwaZulu-Natal, South Africa[J].World Development, 2007, 35(2):247-263.

[2]ALKIRE S, FOSTER J.Counting and multidimensional poverty measurement [Z]. Oxford Poverty and Human Development Initiative (OPHI), Oxford, 2007, Working Paper No.7.

[3]ALKIRE S.Choosing dimensions: the capability approach and multidimensional poverty[Z].CPRC Working Paper 88, 2007.

[4]ANAND S, SEN A.The income component of the Human Development Index[J].Journal of Human Development, 2000, 1(1):83-106.

[5]BANERJEE A V, NEWMAN A F.Occupational choice and the press of development[J].Journal of Political Economy, 1993, 101(2): 274-298.

[6]BARRETT C.Rural poverty dynamics: development policy implications[J].Agricultural Economics, 2005, 32(1):45-60.

[7]BESLEY T, KANBUR R.The principles of targeting[C].In LIPTON M, VAN DER GAAG J(eds).Including the poor.The World Bank, Washington DC.1993.

[8]BHALLA S.The measurement of permanent income and its application to savings behavior[J].Political Economy, 1980, 88(4):722-744.

[9]BHAUMIK S K, ESTRIN S.How transition paths differ: enterprise performance in Russia and China[J].Journal of Development Economics, 2007, 82:74-392.

[10]BIGMAN D, FOFACK H.Geographical targeting for poverty alleviation: an introduction to the special issue[J].The World Bank Economic Review, 2000, (1): 129-145.

[11]BIGSTEN A, SHIMELES A.Poverty transition and persistence in Ethiopia: 1994-2004[J].World Development, 2008, 36(9):1559-1584.

[12]BOURGUIGNON F, CHAKRAVARTY S R.The measurement of multidimensional poverty[J].Journal of Economic Inequality, 2003, 1:25-49.

[13]CAMERON C, TRIVEDI P.Microeconometrics: method and applications[M].New York: Cambridge University Press, 2005.

[14]CAMERON L A, WORSWICK C.The labor market as a smoothing device: labor supply responses to crop loss[J].Review of Development Economics, 2003, 7(2): 327-341.

[15]CARTER M R, MAY J.One kind of freedom: The dynamics of poverty in post-apartheid South Africa[J].World Development, 2001, 29(12):1987-2006.

[16]CARTER M R, LYBBERT T J.Consumption versus asset smoot-

hing: Testing the implications of poverty trap theory in Burkina Faso[J]. Journal of Development Economics, 2012, 99(2):255-264.

[17]CARTER M R, LITTLE P D, MOGUES T, etc.Poverty traps and natural disasters in Ethiopia and Honduras[J].World Development, 2007, 35(5):835-856.

[18]CARTER M R, BARRETT C B.The economics of poverty traps and persistent poverty: an asset-based approach[J].Journal of Development Studies, 2006, 42(2):178-199.

[19]CHANTARAT S, BARRETT C.Social network capital, economic mobility and poverty traps[Z].Cornell University Working Paper.2010.

[20]CHAUDHURI S.Assessing vulnerability to poverty: concepts, empirical methods and illustrative examples[Z].Unpublished Manuscript. 2003.

[21]CHAUDHURI S, JALAN J, SURYAHADI A.Assessing household vulnerability to poverty from cross-sectional data: a methodology and estimates from Indonesia[Z].New York: Columbia University.Columbia University Department of Economics Discussion Paper No.0102-52, 2002.

[22]CHELI B, D'AGOSTINO A, FILIPPONE A.Addressing the interpretation and the aggregation problems in totally fuzzy and relative poverty measures[Z].Institute for Social and Economic Research.ISER working papers 2001-22, 2001.

[23]CHIWAULA L S, WITT R, WAIBEL H.An asset-based approach to vulnerability: the case of small-scale fishing areas in Cameroon and Nigeria[J].Journal of Development Studies, 2011, 47(2):338-353.

[24] CHRISTIAENSEN L, SUBBARAO K.Towards an understanding of household vulnerability in rural Kenya[J].Journal of African Economics, 2005, 14 (4):520-558.

[25] DAVIS P, BAULCH B.Parallel realities: exploring poverty dynamics using mixed methods in rural Bangladesh[J].Journal of Development Studies, 2011, 47(1):118-142.

[26] DEATON A. Saving and Liquidity Constraints[J].Econometrica, 1991, 59(5):1221-1248.

[27] DERCON S, KRISHNAN P.Vulnerability, seasonality and poverty in Ethiopia[J].Journal of Development Studies, 2000, 36(5): 25-53.

[28] DERCON S.Growth and shocks: evidence from rural Ethiopia [J].Journal of Development Economics, 2004, 74:309-329.

[29] DERCON S.Vulnerability: a micro perspective[Z].QEH Working Paper Number 149. 2005.

[30] DUCLOS J, ARAAR A, GILES J.Chronic and transient poverty: measurement and estimation, with evidence from China[J].Journal of Development Economics, 2010, 91(2):266-277.

[31] EUROSTAT.European social statistics, Income poverty and social exclusion: 2nd report[R].Luxembourg: Office for Official Publications of the European Communities.2003.

[32] FAFCHAMPS M, LUND S.Risk-sharing networks in rural Philippines[J].Journal of Development Economics, 2003, 71(2):261-287.

[33] FLEISHER B M, SABIRIANOVA K, WANG X. Returns to

skills and the speed of reforms: evidence from Central and Eastern Europe, China, and Russia[J].Journal of Comparative Economics, 2005, 3:351-370.

[34]FOSTER J, GREER J, THORBECKE E.A class of decomposable poverty measures[J].Econometrica, 1984, 52:761-766.

[35]FRIEDMAN M.A Theory of the Consumption Function[M]. Princeton: Princeton University Press, 1957.

[36]FRIEDMAN M.Windfalls, the 'horizon' and related concepts in the permanent income hypothesis[C].In Measurement in Economics and Econometrics: Essays in Memory of Yehuda Grunjeld, edited by CHRIST C.Stanford University Press.1963.

[37]GAIHA R, DEOLALIKAR A B.Persitent, expected and innate poverty: Estimates for semi arid rural south India[J].Cambridge Journal of Economics, 1993, 17(4):409-421.

[38]GAITH R.On the chronically poor in rural India[J].Journal of International Development, 1992, 4(3): 273-289.

[39]GLAUBEN T, HERZFELD T, ROZELLE S, etc.Persistent poverty in rural China: where, why, and how to escape? [J].World Development, 2012, 40(4):784-795.

[40]GÜNTHER I, HARTTGEN K.Estimating households vulnerability to idiosyncratic and covariate shocks: A novel method applied in Madagascar[J].World Development, 2009, 37(7): 1222-1234.

[41]GUSTAFSSON B, NIVOROZHKINA L.Changes in Russian poverty during transition as assessed from microdata from the city of Tagenrog

[J].Economics of Transition, 2004, 12(4): 747-776.

[42]HADDAD L, AHMAED A.Chronic and transitory poverty: evidence from Egypt, 1997-1999[J].World Development, 2003, 31(1): 71-83.

[43]ITO T, KUROSAKI T.Weather risk, wages in kind, and the off-farm labor supply of agricultural households in a developing country[J]. American Journal of Agricultural Economics, 2009, 91(3):697-710.

[44]JALAN J, RAVALLION M.Transient poverty in postreform rural China[J].Journal of Comparative Economics, 1998, 26(2):338-357.

[45]JALAN J, RAVALLION M.Are the poor less well insured? evidence on vulnerability to income risk in rural China[J].Journal of Development Economics, 1999, 58(1):61-81.

[46]JALAN J, RAVALLION M.Is transient poverty different? evidence for rural China[J].Journal of Development Studies, 2000, 36(6): 82-99.

[47]JEKINS S.Easy estimation methods for discrete-time duration models[J].Oxford Bulletin of Economics and Statistics, 1995, 57(1): 129-138.

[48]KAPLAN E L, MEIER P.Nonparametric estimation from incomplete observations[J].Journal of American Statistical Association, 1958, 53:448-457.

[49]KAZIANGA H, UDRY C.Consumption smoothing? livestock, insurance and drought in rural Burkina Faso[J].Journal of Development Economics, 2006, 79(2):413-446.

［50］KRISHNA A.Escaping poverty and becoming poor：who gain，who loses，and why？［J］World Development，2004，32(1)：121-136.

［51］KRISHNA A.Pathways out of and into poverty in 36 villages of Andhra Pradesh，India［J］.World Development，2006，34(2)：271-288.

［52］KRISHNA A.For reducing poverty faster：target reasons before people［J］.World Development，2007，35(11)：1947-1960.

［53］KRISHNA A.Who became poor，who escaped poverty，and why？Developing and using a retrospective methodology in five countries［J］.Journal of Policy Analysis and Management，2010，29(2)：351-372.

［54］KUROSAKI T.The measurement of transient poverty：Theory and application to Pakistan［J］.Journal of Economic Inequality，2006a，4(3)：325-345.

［55］KUROSAKI T.Consumption vulnerability to risk in rural Pakistan［J］.Journal of Development Studies，2006b，42(1)：70-89.

［56］KURUVILLA A，JACOB K S.Poverty，social stress and mental health［J］.Indian Journal of Medical Research，2007，126(10)：273-278.

［57］LAWSON D，MCKAY A，OKIDI J.Poverty persistence and transitions in Uganda：a combined qualitative and quantitative analysis［J］.Journal of Development Studies，2006，42(7)：1225-1251.

［58］LEMMI A，BETTI G.Fuzzy set approach to multidimensional poverty measurement［M］.Boston：Springer，2006.

［59］LIGON E，SCHECHTER L.Measuring vulnerability［J］.Economic Journal，2003，113(486)：95-102.

［60］LOKSHIN M, RAVALLION M.Welfare impacts of the 1998 financial crisis in Russia and the response of the public safety net［J］.Economics of Transition, 2000, 8(2):269-295.

［61］LOKSHIN M, RAVALLION M.Household income dynamics in two transition economies［J］.Studies in Nonlinear Dynamics & Econometrics, 2004, 8(3):4.

［62］LUZZI G F, FLÜCKIGER Y, WEBER S.Multidimensional poverty: factor and cluster analysis［C］.In KAKWANI N, SILBER J (eds). Quantitative Approaches to Multidimensional Poverty Measurement. London: Palgrave-Macmillan, 2008:63-79.

［63］LYBBERT T, BARRETT C.Risk-taking behavior in the presence of nonconvex asset dynamics［J］.Economic inquiry, 2011, 49(4): 982-988.

［64］LYBBERT T, MCPEAK J.Risk and intertemporal substitution: livestock portfolios and off-take among Kenyan pastoralists［J］.Journal of Development Economics, 2011, 92(2):415-426.

［65］MCCULLOCH N, BAULCH B.Simulating the impact of policy upon chronic and transitory poverty in rural Pakistan［J］.Journal of Development Studies, 2000, 36(6):100-130.

［66］MCCULLOCH N, CALANDRINO M.Vulnerability and chronic poverty in rural Sichuan［J］.World Development, 2003, 31(3):611-628.

［67］MCKAY A, LAWSON D.Assessing the extent and nature of chronic poverty in low income countries: Issues and evidence［J］.World

Development, 2003, 31(3):425-439.

[68]MCMILLAN J, WOODRUFF C.The central role of entrepreneurs in transition economies[J].Journal of Economic Perspectives, 2002, 16 (3): 153-170.

[69]MICCO A, PANIZZA U, YANEZ M.Bank performance, efficiency and ownership in transition countries[J].Journal of Banking & Finance, 2005, 29(1):31-53.

[70]MORDUCH J.Poverty and vulnerability[J].American Economic Review, Papers and Proceedings, 1994, 84(2):221-225.

[71]NAGA R A, BOLZANI E.Income, consumption and permanent income: a MIMIC approach to multidimensional poverty measurement[C]. In KAKWANI N, SILBER J(eds).Quantitative Approaches to Multidimensional Poverty Measurement, London: Palgrave- Macmillan.2008.

[72]NELSON R.A theory of the low-level equilibrium trap in underdeveloped economies [J].American Economic Review, 1956, 46(5): 894-908.

[73] NEWHOUSE D. The persistence of income shocks: evidence from rural Indonesia[J].Review of Development Economics, 2005, 9(3): 415-433.

[74] NUSSBAUM M.Capabilities as fundamental entitlements: Sen and social justice[J].Feminist Economics, 2003, 9(2-3):33-59.

[75]ORSHANSKY M.Children of the Poor[J].Social Security Bulletin, 1963, 26(7):3-13.

[76]PARK A, WANG S, WU G.Regional poverty targeting in China

[J].Journal of Public Economics, 2002, 86:123-153.

[77]PAXSON C.Using weather variability to estimate the response of savings to transitory income in Thailand[J].American Economic Review, 1992, 82(1):15-33.

[78]PRITCHETT L, SURYHADI A, SUMARTO S.Quantifying vulnerability to poverty: a proposed measure with application to Indonesia [Z]. Washington DC: World Bank. Policy Research Working Paper 2437. 2000.

[79]RADENT M, BERG M, SCHIPPER R.Rural poverty dynamics in Kenya: Structural declines and stochastic escapes[J].World Development, 2012, 40(8):1577-1593.

[80]RAMOS X, SILBER J.On the application of efficiency analysis to the study of the dimensions of human development[J].Review of Income and Wealth, 2005, 51(2):285-309.

[81]RAVALLION M.Expected poverty under risk-induced welfare variability[J].The Economic Journal, 1988, 98(393): 1171-1182.

[82]RAVALLION M, CHEN S.China's (uneven) progress against poverty[J].Journal of Development Economics, 2007, 82(1):1-42.

[83]RAVALLION M, CHEN S, SANGRAULA P.Dollar a day revisited[J].The World Bank Economic Review, 2009, 23(2):163-184.

[84] RAVALLION M. Poverty comparisons [M]. Amsterdam: Harwood-Academic Publishers,1994.

[85] ROSENZWIG M R, WOLPIN K I.Credit market constraints, consumption smoothing and the accumulation of durable production assets

in low-income countries: Investments in bullocks in India[J].Journal of Political Economy, 1993, 101(2):223-244.

[86]ROWNTREE B S.Poverty: a study in town life[M].London: Macmillian Publishers Limited,1901.

[87]SANTOS P, BARRETT C.Persistent Poverty and Informal Credit[J].Journal of Development Economics,2011,96(2):337-347.

[88]SEN A.Development as freedom[M].Oxford: Oxford University Press, 1999.

[89]SHORROCKS A.F.Revisiting the Sen Poverty Index[J].Econometrica,1995, 63:1225-1230.

[90]SINGH S K, MADDALA G S.A function for size distribution of incomes[J].Econometrics, 1976, 44(5):63-701.

[91]SVEJNAR J.Transition economies: performance and challenges [J].Journal of Economic Perspectives, 2002, 16(1):3-28.

[92] THORBECKE E. Multidimensional poverty: conceptual and measurement issues[C].In KAKWANI N, SILBER J(eds).The many dimensions of poverty.London: Palgrave-Macmillan, 2008:3-19.

[93] TOWNSEND P.Poverty in the United Kingdom[M].London: Allen Lane and Penguin Books, 1979.

[94]UDRY C.Risk and saving in Northern Nigeria[J].American Economic Review, 1995, 85(5):1287-1300.

[95] UNDP. Human Development Report 1996: Economic Growth and Human Development[R].1996.

[96]WORLD BANK.World Development Report2000/2001: Attac-

king Poverty[R].2001.

[97]ZHANG Y, WAN G H. An empirical analysis of household vulnerability in rural China[J].Journal of the Asia Pacific Economy, 2006, 11(2):196-212.

[98]ZIMMERMAN F J, CARTER M R.Asset smoothing, consumption smoothing and the reproduction of inequality under risk and subsistence constraint[J].Journal of Development Economics, 2003, 71(2): 233-260.

[99]罗格纳·纳克斯.不发达国家的资本形成问题[M].谨斋,译.北京:商务印书馆,1966.

[100]阿马蒂亚·森.以自由看待发展[M].任赜,于真,译.北京:中国人民大学出版社,2002.

[101]萨比娜·阿尔基尔,等.贫困的缺失维度[M].刘民权,韩华为,译.北京:科学出版社,2010.

[102]曹洪民,王小林,陆汉文.特殊类型贫困地区多维贫困测量与干预:四川省阿坝藏族羌族自治州案例[M].北京:中国农业出版社,2011.

[103]陈传波,张利庠,苏振斌.农户消费平滑与收入平滑——基于湖北省农村住户调查月度数据的分析[J].统计研究,2006(9):50-53.

[104]陈立中,张建华.中国转型时期城镇贫困变动趋势及其影响因素分析[J].南方经济,2006(8):55-67.

[105]陈立中.转型时期我国多维度贫困测算及其分解[J].经济评论,2008(5):5-10.

[106]陈全功,程蹊.子女教育、代际支持与家庭贫困的变动——基于14省区农村住户调查数据的分析[J].华中科技大学学报(社会科学版),2007(4):86-90.

[107]陈玉宇,行伟波.消费平滑、风险分担与完全保险——基于城镇家庭收支调查的实证研究[J].经济学(季刊),2006,6(1):253-272.

[108]刁兆峰,雷如桥.企业经营多元化的熵测度法[J].数量经济技术经济研究,2001(8):66-68.

[109]范小建.在减贫与发展高层论坛上的主旨发言[EB/OL].(2010-10-17).http://www.Iprcc.org.cn/userfiles/file/1_Keynote%20by%20Fan_LGOP_EN.Pdf.

[110]冯旭芳.贫困农户借贷特征及其影响因素分析——以世界银行某贫困项目监测区为例[J].中国农村观察,2007(3):51-57.

[111]高云虹.对贫困线测算中马丁法的几点思考[J].兰州商学院学报,2012(4):34-38.

[112]郭劲光.我国贫困人口的脆弱度与贫困动态[J].统计研究,2011(9):42-48.

[113]国家统计局.2018年全国农村贫困人口减少1386万人[EB/OL].(2019-02-15).http://www.stats.gov.cn/tjsj/zxfb/201902/t20190215_1649231.html

[114]国家统计局农村社会经济调查司.2010中国农村贫困监测报告[M].北京:中国统计出版社,2011.

[115]胡兵,赖景生,胡宝娣.经济增长、收入分配与贫困缓

解——基于中国农村贫困变动的实证分析 [J]. 数量经济技术经济研究, 2007 (5)：33-42.

[116] 黄祖辉, 刘西川, 程恩江. 贫困地区农户正规信贷市场低参与程度的经验解释 [J]. 经济研究, 2009 (4)：116-128.

[117] 贾俊民. 贫困文化：贫困的贫困 [J]. 社会科学论坛, 1999 (Z1)：68-70.

[118] 黎洁, 邰秀军. 西部山区农户贫困脆弱性的影响因素：基于分层模型的实证研究 [J]. 当代经济科学, 2009 (5)：110-115.

[119] 李佳路. 农户资产贫困分析——以 S 省 30 个国家扶贫开发重点县为例 [J]. 农业技术经济, 2011 (4)：13-18.

[120] 李丽, 白雪梅. 我国城乡居民家庭贫困脆弱性的测度与分解 [J]. 数量经济技术经济研究, 2010 (8)：61-73.

[121] 林伯强. 中国的经济增长、贫困减少与政策选择 [J]. 经济研究, 2003 (12)：15-25.

[122] 林闽钢, 张瑞利. 农村贫困家庭代际传递研究——基于 CHNS 数据的分析 [J]. 农业技术经济, 2012 (1)：29-35.

[123] 刘坚. 新阶段扶贫开发的成就与挑战：《中国农村扶贫开发纲要 (2001-2010 年) 》中期评估报告 [M]. 北京：中国财经出版社, 2006.

[124] 陆铭, 张爽, 佐藤宏. 市场化进程中社会资本还能够充当保险机制吗? ——中国农村家庭灾后消费的经验研究 [J]. 世界经济文汇, 2010 (1)：16-38.

[125] 罗楚亮. 经济增长、收入差距与农村贫困 [J]. 经济研

究，2012（2）：15-27.

[126] 罗楚亮. 农村贫困的动态变化 [J]. 经济研究，2010（5）：123-138.

[127] 罗曼，李兴绪，程虎. 贫困动态转化及其影响因素分析 [J]. 统计与决策，2012（6）：105-108.

[128] 马小勇，白永秀. 中国农户的收入风险应对机制与消费波动：来自陕西的经验证据 [J]. 经济学（季刊），2009，8（4）：1221-1238.

[129] 孟昕. 中国城市的失业、消费平滑和预防性储蓄 [J]. 经济社会体制比较，2001（6）：40-50.

[130] 穆光宗. 论人口素质和脱贫致富的关系 [J]. 农村经济与社会，1992（4）：28-35.

[131] 盛来运. 经济增长和收入分配对农村贫困变动的影响 [J]. 中国农村观察，1997（6）：31-36.

[132] 世界银行. 从贫困地区到贫困人群：中国扶贫议程的演进中贫困和不平等问题评估 [R]. 华盛顿：2009.

[133] 邰秀军，罗丞，李树茁，等. 外出务工对贫困脆弱性的影响：来自西部山区农村住户的证据 [J]. 世界经济文汇，2009（6）：67-76.

[134] 万广华，章元，史清华. 如何更准确地预测贫困脆弱性：基于中国农户面板数据的比较研究 [J]. 农业技术经济，2011（9）：13-23.

[135] 万广华，章元. 我们能够在多大程度上准确预测贫困脆弱性 [J]. 数量经济技术经济研究，2009（6）：138-148.

[136] 汪三贵，朴之水，李莹星. 贫困农户信贷资金的供给与需求 [M]. 北京：中国农业出版社，2001.

[137] 王爱君. 女性贫困、代际传递与和谐增长 [J]. 财经科学，2009（6）：47-54.

[138] 王朝明，胡棋智. 中国收入流动性实证研究——基于多种指标测度 [J]. 管理世界，2008（10）：30-40.

[139] 王朝明，姚毅. 中国城乡贫困动态演化的实证研究：1990—2005 年 [J]. 数量经济技术经济研究，2010（3）：3-15.

[140] 王俊文. 反贫困必由之路：我国农村贫困地区"文化扶贫"的关键解读 [J]. 农业考古，2007（6）：342-346.

[141] 王萍萍，闫芳. 农村贫困的影响面、持续性和返贫情况 [J]. 调研世界，2010（3）：5-6.

[142] 王小林，ALKIRE S. 中国多维贫困度量：估计和政策含义 [J]. 中国农村经济，2009（12）：4-10.

[143] 王小林，尚晓援. 论中国儿童生存、健康和发展权的保障——基于对中国五省（区）的调查 [J]. 人民论坛，2011（14）：120-123.

[144] 魏众，古斯塔夫森. 中国转型时期的贫困变动分析 [J]. 经济研究，1998（11）：64-68.

[145] 杨文，裘红霞. 中国城市家庭脆弱性的测量与分解 [J]. 财经问题研究，2012（6）：100-109.

[146] 杨文，孙蚌珠，王学龙. 中国农村家庭脆弱性的测量与分解 [J]. 经济研究，2012（4）：40-51.

[147] 姚毅. 城乡贫困动态演化的实证研究——基于家庭微观

面板数据的解读 [J]. 财经科学, 2012 (5): 99-108.

[148] 叶初升, 李慧. 中国农村经济亲贫增长的测度与分析 [J]. 华中农业大学学报 (社会科学版), 2011 (5): 63-69.

[149] 叶初升, 罗连发, 邹欣. 贫困线调整与贫困发生率比较问题研究评析 [J]. 湖北经济学院学报, 2011 (5): 17-23.

[150] 叶初升. 寻求发展理论的微观基础——兼论发展经济学理论范式的形成 [J]. 中国社会科学, 2005 (4): 29-40.

[151] 叶初升, 赵锐. 中国农村的动态贫困: 状态转化与持续——基于中国健康与营养调查微观数据的生存分析 [J]. 华中农业大学学报 (社会科学版), 2013 (3): 42-52.

[152] 叶初升, 赵锐, 孙永平. 动态贫困研究的前沿动态 [J]. 经济学动态, 2013 (4): 120-128.

[153] 叶初升, 赵锐, 李慧. 经济转型中的贫困脆弱性: 测度、分解与比较——中俄经济转型绩效的一种微观评价 [J]. 经济社会体制比较, 2014 (01): 103-114.

[154] 张立冬, 李岳云, 潘辉. 收入流动性与贫困的动态发展: 基于中国农村的经验分析 [J]. 农业经济问题, 2009 (6): 73-80.

[155] 张全红, 张建华. 中国的经济增长、收入不平等与贫困的变动: 1981—2001——基于城乡统一框架的分析 [J]. 经济科学, 2007 (4): 15-24.

[156] 张全红, 张建华. 中国农村贫困变动: 1981—2005——基于不同贫困线标准和指数的对比分析 [J]. 统计研究, 2010 (2): 28-35.

[157] 章奇, 米建伟, 黄季焜. 收入流动性和收入分配: 来自

中国农村的经验证据 [J]. 经济研究, 2007 (11): 123-138.

[158] 章元, 万广华, 史清华. 中国农村的暂时性贫困是否真的更严重 [J]. 世界经济, 2012 (1): 144-160.

[159] 赵春玲, 赵峰. 构建农村反贫困社会心理支持系统 [J]. 农业经济, 2006 (10): 17-18.

[160] 赵锐, 吴比. 贫困农户生产投入决策与贫困状态的转变 [J]. 农业现代化研究, 2016 (4): 747-753.

[161] 中共中央、国务院. 中国农村扶贫开发纲要 (2011—2020年) [EB/OL]. (2011-12-01). http:www.gov.cn/gongbao/content/2011/content_2020905.htm.

[162] 邹薇, 方迎风. 关于中国贫困的动态多维度研究 [J]. 中国人口科学, 2011 (06): 49-59.